D1747437

Cocktailparties

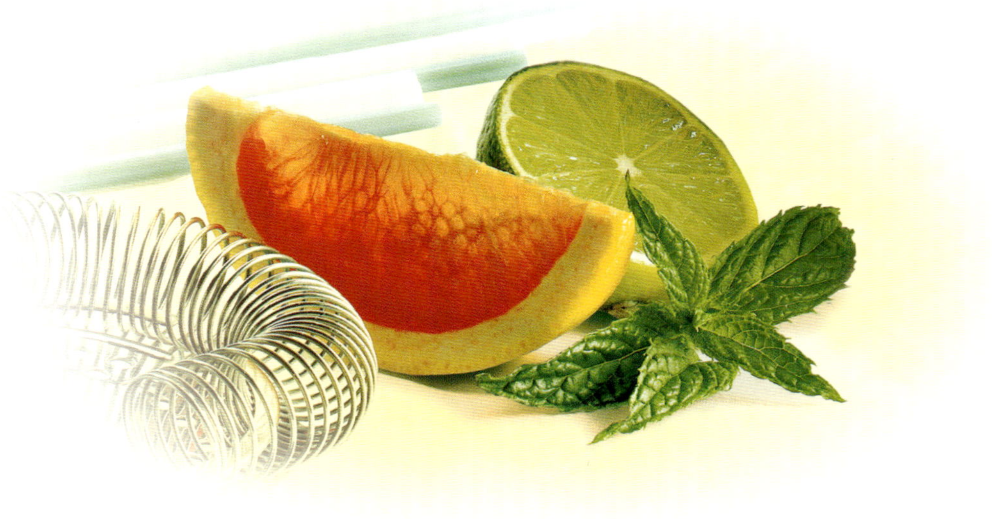

Einladen & genießen

Marlisa Szwillus

Cocktail-parties

Fotos: Klaus Arras

Bechtermünz Verlag

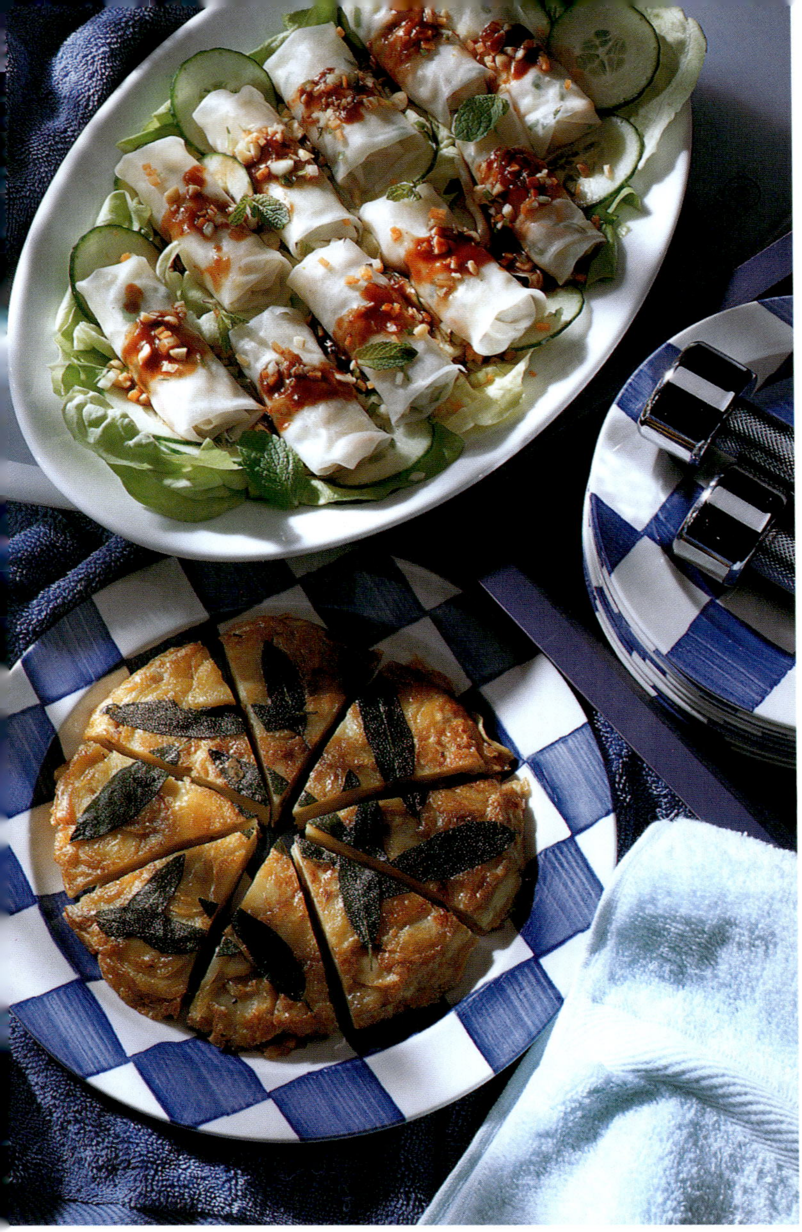
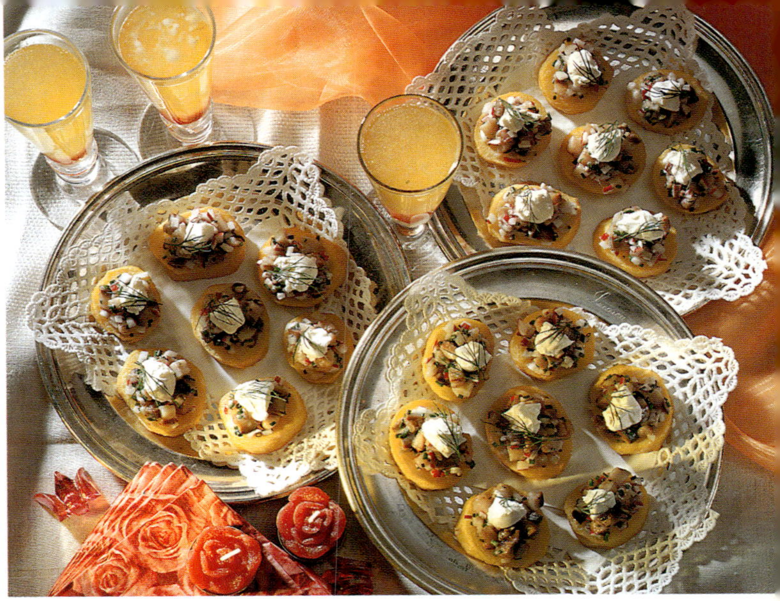
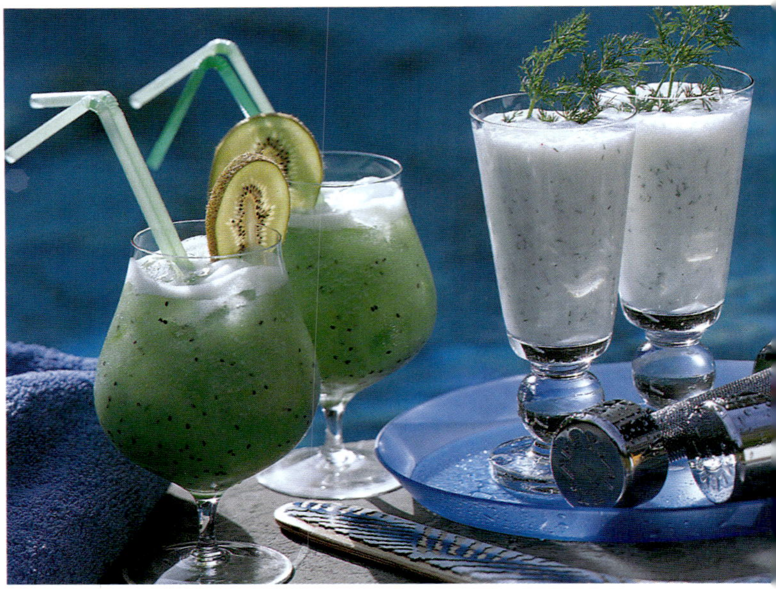
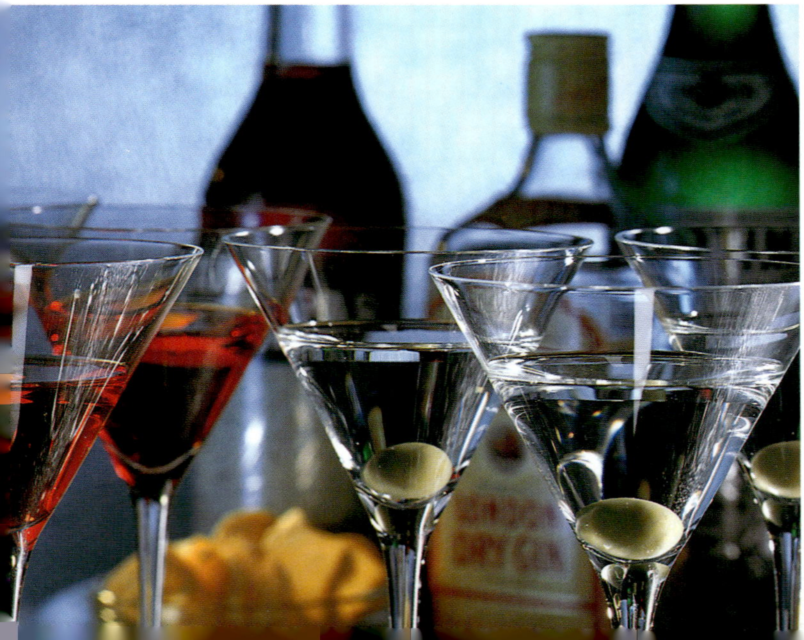
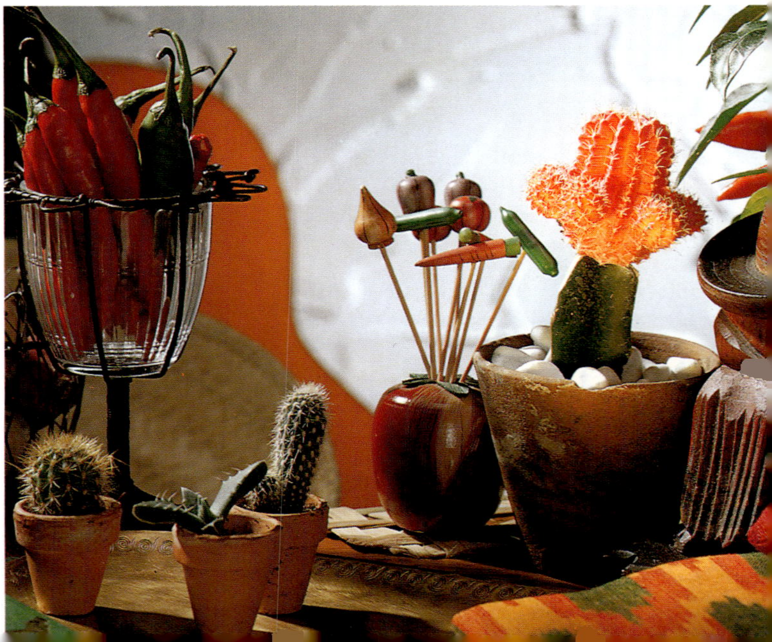

Inhalt

Let's have a party! 6

Planung & Organisation 8

Geräte für die Hausbar 12

Die passenden Gläser 14

Die Hausbar-Grundausstattung 16

Mixen und Dekorieren wie ein Profi 18

Sommernachtstraum 21

Fit for fun 33

In Sektlaune 43

Unter Palmen 55

Auf einen Drink 67

50er-Jahre-Party 77

Fiesta mexicana 87

Crazy Party 99

Muntermacher 111

Kleines Mix-Lexikon 116

Rezept- und Sachregister 117

Wichtiger Hinweis 120

Let's have a party!

»Cocktails« – ob gerührt oder geschüttelt, mit oder ohne Alkohol – liegen voll im Trend. Es gibt kaum jemanden, der nicht seinen Lieblingscocktail nennen kann, ob süß oder sauer, mit Rum oder Wodka, als Aperitif, Digestif oder erfrischende Köstlichkeit, die den ganzen Abend schmeckt.

Viele phantasievolle Geschichten kursieren um die Entstehung des Begriffs »Cocktail«, zu deutsch Hahnenschwanz. Am hartnäckigsten hält sich diese: Amerikas Hahnenkampf-Arenen sind die Orte, an denen der Name »Cocktail« im 19. Jahrhundert geboren wurde. Der Besitzer des siegreichen Hahnes erhielt als Gewinn außer einer Geldprämie die bunten Schwanzfedern des Unterlegenen. Diese Trophäe mußte natürlich begossen werden, und die Wirte boten all ihren Erfindungsreichtum im Kreieren von immer wieder neuen Mixturen auf, um die spendablen Helden samt Anhang in ihre Lokale zu locken. Dort hieß es dann: »Let's have a drink on the cock's tail.« Der Duden erklärt den Ursprung des Wortes damit, daß die Mixgetränke in genauso herrlichen Farben schillern wie die Schwanzfedern eines Hahnes. Der Ursprung des Cocktails liegt jedenfalls in den USA. Erst in den 20er-Jahren des 20. Jahrhunderts schwappte die Cocktailwelle nach Europa, und inzwischen gibt es weltweit in jeder größeren Stadt Cocktailbars.

Auch zu Hause wird heute mit großer Begeisterung gerührt und geschüttelt. Immer mehr Fans der Mixkunst legen sich mit der Zeit eine Sammlung von Flaschen, Gläsern und Bar-Utensilien zu. Was liegt da näher, als Freunde, Kollegen, Nachbarn und Verwandte zu einer Cocktailparty einzuladen!

Dieses Buch macht Lust auf ungezwungene, fröhliche Cocktailparties mit frischen Drinks und verlockenden Buffets. Lust auf Feste, für die sich immer ein Anlaß finden läßt, und die Sie in jeder Wohnung, ob groß oder klein, feiern können. Um Ihnen die Entscheidung für eine Party zu erleichtern, steht jedes Fest unter einem Motto, das sowohl die Deko als auch die Gerichte und Cocktails inspiriert.

Für welche Party auch immer Sie sich entscheiden, Ihre Gäste werden begeistert sein, wenn Sie sie mit fruchtigen Soft-Drinks, belebenden Sekt-Cocktails oder exotischen Mixdrinks und kulinarischen Köstlichkeiten verwöhnen. Und nun: Let's have a party!

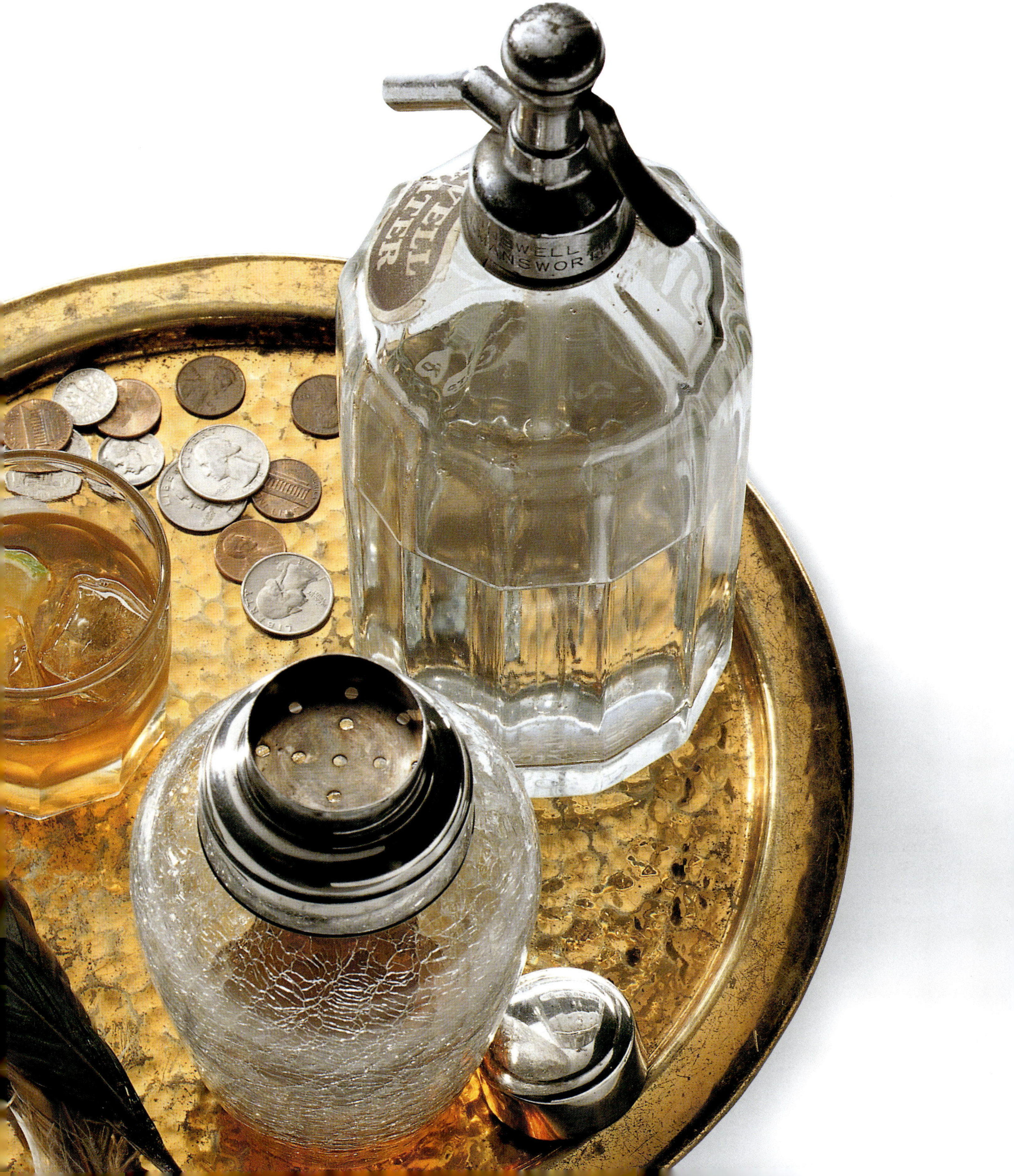

Planung & Organisation

Ihre Cocktailparty soll ganz locker und ungezwungen wirken? Kein Problem, Sie müssen sie nur ganz genau planen und organisieren. Das klingt vielleicht paradox, hat sich aber in der Praxis mit großem Erfolg bewährt.

Als erstes sollten Sie überlegen, wie viele Gäste Sie einladen möchten oder aus Platzgründen in Ihre Wohnung einladen können.

Dann müssen Sie festlegen, an welchem Tag die Party stattfinden soll. Wollen Sie nicht nur einfach fröhlich feiern, sondern Pep in Ihr Fest bringen, stellen Sie es unter ein Motto.

Jetzt können Sie Schritt für Schritt die Vorbereitungen in Angriff nehmen.

Check-Liste

Nach dem Motto »Gut geplant ist halb gefeiert« schreiben Sie am besten eine Checkliste für die Wochen vor der Party. Hier notieren Sie zunächst alles, was Sie wann erledigen müssen oder können, zum Beispiel: Dekorationsmaterial besorgen, Getränke kaufen, Brot bestellen, Gläser organisieren, Gerichte vorbereiten und so weiter. So haben Sie den totalen Überblick, können in Ruhe die Vorbereitungen treffen, die erledigten Dinge abhaken und kommen nicht in Streß.

Einladung

So etwa drei Wochen vor der Party ist es an der Zeit, die Einladungen zu verschicken. Sie können natürlich auch einen Rundruf starten, aber eine schriftliche Einladung ist allemal persönlicher. Bei spontanen Party-Plänen ist die Einladung per Telefon natürlich ausreichend und sinnvoll. Einladungskarten gibt es reichlich zu kaufen, viel witziger ist es jedoch, selbstgemachte zu verschicken. Da können Sie Ihrer Kreativität freien Lauf lassen und das Motto Ihrer Party ganz individuell gestalten. Beim Einladungstext nicht vergessen: genauen Termin mit Datum, Ort und Uhrzeit angeben. Originelle Karten zeigen Ihren Gästen, daß sie etwas ganz Besonderes erwartet. Bitten Sie um rechtzeitige Antwort, zum Beispiel mit dem Kürzel »U. A. w. g.« (Um Antwort wird gebeten). Dann weiß jeder, daß eine Zu- oder Absage von ihm erwartet wird. Neuen Gästen legen Sie mit der Einladung zusätzlich eine Wegbeschreibung mit in den Umschlag. Die Adresse für die Rückantwort und die Telefonnummer bitte nicht vergessen.

Geschirr & Co.

Machen Sie rechtzeitig eine Bestandsaufnahme, was Sie an Gläsern, Geschirr, Besteck, Servierplatten und Schüsseln haben und was sonst noch zum Auftischen gebraucht wird. Mit entsprechenden Accessoires phantasievoll kombiniert, paßt jedes Geschirr. Bei den einzelnen Parties in diesem Buch finden Sie jede Menge Anregungen für die Dekoration. Für größere Parties werden Ihre Bestände wahrscheinlich nicht ausreichen. Hier können Sie Freunde bitten, Ihnen etwas auszuleihen. Achten Sie aber darauf, daß das Geschirr in Farbe und Dekor in etwa übereinstimmt und vor allem zur Dekoration, dem Motto und der Gesamtatmosphäre paßt. Fehlende Gläser, Geschirr und Besteck können Sie auch beim Party-Service ausleihen (Gelbe Seiten des Telefonbuchs). Gläser dürfen benutzt, Geschirr und Besteck müssen meist vorgespült zurückgegeben werden. Erkundigen Sie sich vorher bei verschiedenen Anbietern nach den Preisen. Und: Einige Tage vor der Party alles spülen, damit Sie später nicht in Zeitdruck geraten.

Tisch & Stühle
Wenn Sie nicht genügend Sitzgelegenheiten für alle Gäste haben, sollten Sie gute Freunde bitten, Klappstühle mitzubringen. Tische können Sie eventuell bei netten Nachbarn ausleihen. Übrigens, beim Party-Service gibt es Stühle, Tische und für Stehparties sogar extra hohe Bistro-Tische zu mieten.

Räume & Beleuchtung
Zwei nebeneinanderliegende Zimmer Ihrer Wohnung können Sie zur idealen »Bühne« für Ihre Cocktailparty umfunktionieren. Im größeren Raum sollte das Buffet aufgebaut, die Tische und Sitzmöglichkeiten untergebracht werden. Im zweiten, kleineren Raum können die Gäste später das Tanzbein schwingen. Die Bar steht am besten in einer ruhigen, aber gut zugänglichen Ecke. Überprüfen Sie auch die Beleuchtung. Sie soll zum Party-Motto passen, darf aber weder ungemütlich hell sein, noch so schummrig, daß Ihre Gäste nicht mehr erkennen können, was sie Köstliches auf dem Teller haben.

Nachbarn vorwarnen
Informieren Sie die Nachbarn rechtzeitig, daß bei Ihnen ein Fest steigt und bitten Sie gleichzeitig um Nachsicht, falls es etwas lauter werden sollte. Bringen Sie ihnen als Dankeschön doch gleich einen kleinen Blumenstrauß oder Piccolos mit.

Bar & Baraufbau
An der Bar werden in erster Linie die Cocktails gemixt, aber auch die anderen Getränke wie Wein, Bier, Mineralwasser und Säfte ausgeschenkt. Bauen Sie sich die Bar zum Beispiel aus einer Kommode, einem Schreibtisch oder einem halbhohen Schrank. Notfalls tut es auch eine Platte auf Böcken. Wenn Sie es ganz professionell lieben und genügend Kleingeld haben: Mieten Sie sich beim Party-Service eine Rolling-Bar. Was Sie sonst noch Wichtiges über Ihre Hausbar wissen sollten, erfahren Sie ab Seite 12.

Buffet & Buffetaufbau
Ein Buffet ist die unkomplizierteste Art, viele Gäse auch in kleineren Räumen zu bewirten. Man braucht keinen riesigen Eßtisch, und bei absolutem Platzmangel macht man die Not zur Tugend und lädt elegant zur Stehparty ein. Es gibt keine Sitzordnung und die Speisenfolge ist ganz zwanglos. Die Vorarbeit für ein Buffet ist zwar größer als bei einem 3-Gänge-Menü, dafür können Sie sich aber als Gastgeber während der Party ganz Ihren Gästen widmen. Die überwiegend kalten Gerichte in diesem Buch machen es möglich, etliches schon Tage vorher vorzubereiten. Am Partytag selber gibt es allerdings immer noch genug zu tun. Den Aufwand sollten Sie nicht unterschätzen, aber schließlich müssen Sie

Empfangen Sie Ihre Gäste mit bunten Cocktails und feinen Knabbereien.

nicht alles alleine machen, bitten Sie Freunde um Hilfe.
Die einfachste Lösung, das Buffet aufzubauen, ist ein ausziehbarer Eßtisch. Mit einer Platte auf zwei Böcken (aus dem Baumarkt), einem stabilen Tapeziertisch oder mehreren Biertischen (im Getränkehandel ausleihen) funktioniert es aber genauso. Durch Beistell- oder Gartentische können Sie die Abstellfläche beliebig vergrößern. Unterschiedlich hohe Ebenen schaffen noch mehr Platz. Dafür eignen sich stabile Kisten, Kartons und Bücherstapel. Das Ganze bedecken Sie mit großen Tischtüchern, Bettlaken, Vliesstoff von der Rolle, Lackfolie oder anderem Dekorationsmaterial.
Jedes Buffet sollte einen Mittelpunkt haben, etwa Blumen oder einen Korb mit dekorativem Inhalt.
Buffets wirken zwanglos, trotzdem sollten die Gerichte nach der logischen Speisenfolge auf dem Buffet stehen. Ganz am Anfang reichlich Geschirr, also kleine und große Teller und gegebenenfalls Suppentassen stapeln. Das Essen beginnt mit den Vorspeisen wie kleinen Snacks, Mariniertem und Suppen. Dann folgt das oder die Hauptgerichte. Wenn sie warm gegessen werden sollen, möglichst auf eine Warmhalteplatte oder ein Rechaud mit Teelichtern stellen. Selbst ein Tischgrill und der heiße Stein können da gute Dienste leisten. Zu den Hauptgerichten gehören oft noch Saucen, Dips, Salate oder andere Beilagen, die dazu gestellt werden müssen. Daran anschließend folgt das Süße und/oder der Käse. Den Schluß des Buffets bildet ein vielfältig zusammengestellter Brotkorb. Besteck und Servietten plazieren Sie am besten auch ans Ende des Buffets, um die Gäste vorher nicht unnötig damit zu belasten. Bei Platzmangel können Sie das Dessert, das Brot und den Käse auf einem separaten Tisch anrichten. Schreiben Sie zur Information eine Buffetkarte, damit jeder weiß, was er ißt und welche Gerichte zusammengehören. Als Karte eignet sich eine große Schiefertafel oder ein Stück Karton.

Etwa 20 Minuten vor Eintreffen der Gäste sollte das Buffet stehen, ausgenommen empfindliche Salate und Gerichte, die heiß serviert werden. Damit alles appetitlich bleibt, am besten die nächstliegenden Fenster weit öffnen und erst schließen, wenn die ersten Gäste klingeln. Wenn das Buffet im Freien steht, besser erst in letzter Minute die Gerichte raustragen.

Barkeeper & Buffethilfe
Bitten Sie auf jeden Fall einen cocktailbegeisterten Freund oder eine Freundin, für diese Party den Job des Barkeepers zu übernehmen. Oder Sie engagieren vom Studentenservice oder einer nahen Hotelfachschule jemanden, der schon Erfahrung damit hat. Schreiben Sie dem Barkeeper für jeden Drink einzeln einen Spickzettel mit Namen, den genauen Mengenangaben und der Zubereitung. Diese Gedankenstütze kann er sich dann, unsichtbar für die Gäste, von innen an die Bar pinnen und behält so bewunderswert den Überblick. Dem Amateur-Barkeeper sollte übrigens klar sein, daß er in erster Linie die Gäste verwöhnen soll und erst an zweiter Stelle selbst den coolen Verführungen erliegen darf.
Auch für die Zubereitung des Buffets und den reibungslosen Ablauf des Partyabends mit mehr als 10 Gästen sollten Sie sich um Unterstützung kümmern. Für die Kocherei am Tag der Party können Sie eine gute Freundin oder nette Nachbarin um Mithilfe bitten. Am Abend entlastet es Sie, wenn jemand mit Ihnen zusammen oder auch allein die warmen Gerichte fertigstellt, das Buffet im Auge behält, leere Platten und Schüsseln wieder auffüllt, benutztes Geschirr wegräumt, Ordnung in der Küche schafft und Kaffee kocht. Fragen Sie am besten im Bekanntenkreis oder ordern Sie jemanden vom Studentenservice.

Getränke – die Mengen
Es läßt sich nie genau kalkulieren, wieviel getrunken wird. Bei engen Freunden können Sie es vielleicht einschätzen, so daß Sie zumindest einen Anhaltspunkt haben. Wahrscheinlich trinkt jeder Gast drei bis vier Cocktails; diese Mengen können Sie anhand der Rezepte berechnen. Alles andere wie Wein, Bier, Mineralwasser und Säfte können Sie auf Kommission kaufen. Vor allem Mineralwasser und andere nichtalkoholische Getränke sollten ausreichend zur Verfügung stehen, mindestens ein bis zwei Flaschen pro Person. Viele Getränke-Kuriere liefern Ihnen das Bestellte auch bis in die oberste Etage, oft ohne Aufpreis.
Wenn Sie im Kühlschrank nicht genug Platz zum Kaltstellen haben, Getränke ins kalte Wasser der Badewanne stellen, im Winter auf den Balkon. Oder Sie stellen die Flaschen mit Trockeneis (gibt's beim Partyservice) in große Schüsseln oder Wannen. Zu jeder Party in diesem Buch finden Sie neben den Cocktails auch Vorschläge für die übrigen Getränke.

Musik & Unterhaltung
Neben der HiFi-Anlage gibt's natürlich auch noch andere Möglichkeiten, die Gästeschar zu unterhalten oder zum Tanzen zu bewegen. Sie können einen Alleinunterhalter kommen lassen, eine Drei-Mann-Kapelle buchen oder für fetzige Parties einen D.J. mit eigener Anlage und einem schier endlosen Musikangebot engagieren. Suchen Sie jedoch zuerst nach kostenlosen und erprobten Talenten in Ihrem Bekanntenkreis. Künstleragenturen (Adressen im Branchenbuch) vermitteln unter anderem Zauberer, Clowns oder Bands mit spezieller Musikrichtung.

Wenn die Party aus ist ...
Falls einer der Gäste zu tief ins Glas geschaut hat, wird er Ihnen später dankbar sein, wenn Sie seinen Autoschlüssel in Verwahrung nehmen und ihn ins Taxi setzen. Im übrigen werden es auch Ihre anderen Gäste zu schätzen wissen, wenn die Taxi-Rufnummer greifbar ist und, falls noch nicht zu spät, die aktuellen Fahrpläne für die öffentlichen Verkehrsmittel parat liegen.

Digitally Remastered Directly From The Original Analog Tapes
MILES DAVIS
Kind of Blue
with
Julian "Cannonball" Adderly
Paul Chambers
James Cobb
John Coltrane
Bill Evans
Wynton Kelly
CBS JAZZ MASTERPIECES

Geräte für die Hausbar

Manch ein Cocktailfan scheut keine Kosten und schafft sich gleich eine komplette Barausrüstung an, andere gehen es lieber vorsichtiger an und kaufen erst einmal nur das Nötigste. Shaker und Strainer (Barsieb) brauchen Sie auf alle Fälle, alle anderen Geräte können Sie nach und nach dazukaufen. Nachfolgend finden Sie ein Lexikon mit den wichtigsten Barutensilien.

Barlöffel (Barspoon)
Der langstielige Löffel nimmt mindestens den Inhalt eines Tee- oder Kaffeelöffels auf (½ cl bzw. 5 ml) und dient zum Verrühren der Cocktailzutaten im Glas oder Rührglas (mit Eiswürfeln). Am Stielende befindet sich meist ein kleiner Stößel zum Zerdrücken von Würfelzucker oder Kräuterblättchen.

Barschaufel (klein und groß)
Zum Herausnehmen von Eiswürfeln. Die kleine Schaufel ist mit Löchern versehen, durch die das Tauwasser abrinnen kann.

Barsieb (Strainer; klein und groß)
Es besteht aus einer gelochten Platte mit Spiralfederrand. Das kleine Sieb paßt genau in einen zweiteiligen Shaker oder ein Rührglas, das große Sieb auf den Mixer (oder Blender). Es hält beim Abseihen der geschüttelten oder gerührten Cocktails das Eis und andere feste Zutaten zurück.

Bitterflasche/Dashbottle
Eine kleine Glas- oder Kristallflasche mit Spritzkorkenverschluß für Zutaten, die nur »dashweise« verwendet werden. Ein Dash sind drei bis fünf Tropfen, die Menge, die mit einem Kippschwung durch den Spritzkorken aus der Flasche fließt.
Verwendet wird die Bitterflasche unter anderem für Angostura Bitter, Orange Bitter und Vermouth Extra Dry.

Blender
In diesem Gerät werden die Drinks mit Crushed ice mit einem Rührstab durchgemixt. Sie werden dabei besonders schaumig, ohne zu verwässern, da sich das Eis nicht mit den anderen Zutaten vermischt. Im Mixer hingegen vermischt sich das Eis mit den anderen Zutaten zu einer homogenen Masse.

Champagner-Früchte-Rührglas
Dieses besonders große Rührglas ist ideal für die Zubereitung von Frucht-Champagnerdrinks, wenn die frischen Früchte (wie Erdbeeren, Pfirsiche, Kiwis) bereits zu Mus püriert sind. Zu den Zutaten 1 Schuß Champagner oder Prosecco gießen, alles mit Eiswürfeln verrühren und in das vorgekühlte Glas abseihen. Dann mit Champagner oder Prosecco auffüllen. Vorteil: Der Drink schäumt beim Auffüllen nicht mehr.

Champagnerzange
Zum Öffnen von Champagnerflaschen, bei denen der Korken sehr fest sitzt.

Cocktailstäbchen (Sticks)
Plastik- oder andere Spießchen mit unterschiedlichen Motiven zum Aufspießen von Oliven, Maraschinokirschen und sonstigen Früchten als Dekoration im Glas.

Eiskübel/Eisbehälter
Es gibt ihn aus Glas, Metall oder Kunststoff. Er dient zum Aufbewahren und Kühlhalten von Eiswürfeln und Crushed ice.

Eiszange
Sie leistet gute Dienste, um einzelne Eiswürfel zu fassen.

Links im Uhrzeigersinn: Eiskübel und Barschaufel, Rührglas, Meßbecher mit Stirer, Shaker, Dashbottle, Trinkhalme. Auf dem Brett von links nach rechts: Limonadenlöffel, Eiszange, Barmesser, Stirer, Champagnerzange, Barsieb. Oberhalb des Bretts: Cocktailspieße, Meßbecher und Flaschenverschlüsse.

*Von links nach rechts:
Ice crusher, Mixer, Blender, elektrische und manuelle Zitruspresse.*

Ice crusher
Im Handel werden mechanische und elektrische Ice crusher angeboten. Die Maschinen gewährleisten, daß man ein gleichmäßig zermahlenes, feinkörniges Eis (= Crushed ice) erhält, das man sowohl zum Mixen (im Blender oder Mixer) als auch zum Servieren von diversen Longdrinks und Tropical Drinks braucht.

Limonadenlöffel
Mit ihm kann man Drinks im Glas verrühren. Zu heißen Longdrinks (z. B. Irish Coffee) und Getränken, die auch feste Bestandteile zum Mitessen enthalten, wird der Löffel mitserviert.

Meßbecher (Barmaß)
Zum genauen Abmessen von Spirituosen und Säften für Cocktails. Er hat eine Meßeinheit für 2 und 4 cl.

Messer
Zum Garnieren der Drinks mit Früchten benötigt man ein kleines Schneidemesser oder Barmesser (zum Schneiden von Zitronen- und Orangenscheiben und für Zesten). Ein großes Schneidemesser (Küchenmesser) nimmt man zum Zerkleinern von frischen Früchten wie Ananas und Grapefruits.

Mixer
Er ist ideal zum Mixen von Drinks mit frischen Früchten oder Eigelb, außerdem zur Zubereitung von Frozen Drinks mit Eiswürfeln oder Crushed ice. Die frischen Früchte werden vollständig püriert, so daß das Ganze (Saft, Frucht und Eis) zu einer homogenen Flüssigkeit wird.

Rührglas/Barglas
Das dickwandige, stabile Mixglas nimmt man für Cocktails, die nicht geschüttelt, sondern gerührt werden. Die Zutaten werden mit dem langstieligen Barlöffel auf Eiswürfeln verrührt und anschließend durch ein Barsieb (Strainer) abgeseiht. Ein Rührglas faßt etwa 1 l, es können maximal vier Cocktails (Shortdrinks) auf einmal zubereitet werden.

Shaker
In ihm werden Cocktailzutaten wie Fruchtsäfte, Sirupe, Sahne, Milch und Spirituosen mit Eiswürfeln geschüttelt. Im Handel gibt es zwei- und dreiteilige Shaker. Empfehlenswert ist ein zweiteiliger Shaker, zum Beispiel der Boston-Shaker, der aus einem Edelstahl-Unterteil und einem oberen Teil aus Glas gemacht ist. Die Zutaten immer in den oberen Teil des Shakers (kleinere Füllmenge) geben, diesen gut schließen und etwa 10 Sekunden kräftig schütteln (shaken). Dann den Drink aus dem unteren Teil (größere Füllmenge) mit einem Barsieb in das Cocktailglas abseihen. Vorsicht: keine kohlensäurehaltigen Zutaten in den Shaker geben!

Siphonflasche
Aus ihr werden Drinks mit Soda aufgefüllt (unter Druck).

Stirer/Quirl
Das ist ein Plastikstab zum Rühren. Er wird hauptsächlich zu Highballs wie Gin Tonic, Scotch, Soda, Bacardi Cola und ähnlichen Drinks mitserviert. Er ist auch für Gäste ideal, die sich ihre eigene Mischung der oben genannten Drinks nach der persönlichen Vorliebe selbst verrühren möchten. Ein Stirer wird auch zu Campari Orange, Wodka Grapefruit und ähnlichen gereicht (einfach in den Drink geben).

Trinkhalm
Drinks mit Eiswürfeln oder Crushed ice sollten Sie mit dicken, nicht knickbaren Trinkhalmen servieren, die nicht so leicht verstopfen. Die Halme lassen sich übrigens mit einer Schere auf die gewünschte Länge kürzen. Drinks ohne Eis trinkt man nie mit Halm.

Zitruspresse
Zum Auspressen von Orangen-, Zitronen- und Limetten. Es gibt mechanische und elektrische Pressen.

Die passenden Gläser

Im passenden Glas kommen Cocktails erst so richtig zur Geltung. Hier finden Sie deshalb eine Aufstellung der wichtigsten Gläsertypen, die Sie benötigen, um die Drinks aus diesem Buch wirkungsvoll zu präsentieren. Wichtig für alle Bargläser: Sie sollen zwar formschön, aber nicht zu zerbrechlich sein, außerdem handlich und bequem zu spülen.

Longdrinkglas (1)
Wie der Name schon sagt, wird es für Longdrinks verwendet. Das sind Drinks mit viel Flüssigkeit, die mit Eis serviert werden. Die Gläser haben also ein etwas größeres Volumen.
In diesen Gläsern serviert man fruchtige und cremige Longdrinks. Sogenannte Highballs (schnelle Mixdrinks mit meist nur zwei Zutaten), wie Gin Tonic, Whisky Cola, Bourbon Ginger Ale, Campari Orange und ähnliche Drinks, können auch in Longdrinkgläsern genossen werden.

Großer Becher (2)
Er ist meist etwas höher und breiter als das Longdrinkglas. Er faßt von allen Gläsertypen das größte Volumen. Die Drinks werden darin mit Eiswürfeln oder mit Crushed ice serviert. Geben Sie immer einen Trinkhalm dazu.

Tropical Glas (3)
Es gibt zwei verschiedene Formen für die sogenannten exotischen oder tropischen Drinks zur Auswahl. Tropical Drinks werden mit einer Fruchtgarnitur am Glasrand serviert, auch der Trinkhalm sollte nicht fehlen. Die Drinks mit Crushed ice oder Eiswürfeln zubereiten.

Fancy Glas (4)
Fancy Gläser gibt es in besonders vielen unterschiedlichen Formen zu kaufen. In ihnen werden phantasievolle alkoholische und alkoholfreie Kreationen sowie klassische Drinks serviert – jeweils mit Eiswürfeln oder Crushed ice.

Cocktailschale (5)
Sie ist ideal für cremige und fruchtige Shortdrinks. In der Cocktailschale serviert man die Drinks nie mit Eis, deshalb muß sie vorgekühlt werden. Und: auf keinen Fall einen Trinkhalm dazu reichen. Cocktailschalen eignen sich auch sehr gut für Bowlen.

Champagnercocktail Glas (6 und 7)
Ein breites und ein flötenförmiges Glas sind ideal zum Servieren von Champagnerdrinks beziehungsweise Champagnercocktails. Diese Drinks werden meist nicht mit Eis serviert, die Gläser sollten Sie also vorkühlen. Und: keinen Trinkhalm dazugeben. Das breitere Glas ist für Champagnerdrinks mit frischem Fruchtmus oder frisch gepreßten Säften. Im flötenförmigen Glas hingegen kommen klare Champagnercock-

1   2   3   4   5

tails, aber auch cremige Cocktails wie Flips sehr gut zur Geltung.
Und natürlich können Sie auch Champagner pur daraus trinken.

Martinicocktail Glas (8)
Das klassische Martiniglas ist das ursprüngliche Cocktailglas. Es wird stets vorgekühlt, und die Drinks darin werden ohne Eis serviert. Es eignet sich für Klassiker wie Martinicocktails und andere Shortdrinks. Einen Trinkhalm sollten Sie zu Drinks in diesem Glas nicht servieren.

Sour Glas (9)
Das ideale Glas für witzige Drinks mit Farbabstufungen, aber auch für Sours und andere Shortdrinks. Diese Gläser werden stets vorgekühlt.
Wenn Sie zu Hause einmal einen Sherry oder Portwein trinken, ist das Sour Glas ideal dafür geeignet.

Tumbler (10)
Dieses eher dickwandige, gerade Glas ist ideal zum Servieren der sogenannten Klassiker (on the rocks – auf viel Eis) oder für Drinks wie Caipirinha. Der Tumbler wird meist mit Eiswürfeln, gelegentlich auch mit Crushed ice gefüllt. Und wenn Sie einfach einmal einen Whisky auf Eis trinken möchten, sollten Sie ihn ebenfalls im Tumbler genießen.

Frozen Glas (11)
Dieses Glas ist ideal für die sogenannten Frozen Drinks, also für Drinks, die mit viel Crushed ice zu Mus püriert werden, wie zum Beispiel Strawberry Margarita frozen (Rezept Seite 97). Diese Drinks immer mit einem dicken Trinkhalm servieren. Sie können das Glas für viele andere alkoholische und alkoholfreie Kreationen verwenden.

Henkelglas (klein und groß; 12)
Zwei unterschiedliche Größen von Bargläsern mit Henkel.
Im kleinen Glas, das dickwandig und hitzefest ist, serviert man heiße »kurze« Drinks. Gerne werden kleine Henkelgläser auch für Sangrias und sonstige Bowlen verwendet, da man die Früchte sehr gut herauslöffeln kann.
Das große Glas hingegen dient für eigenwillige und optisch spektakuläre Kreationen. Die Drinks werden mit Eiswürfeln oder mit crushed ice, meist mit einem Trinkhalm, serviert. Da das große Glas ebenfalls dickwandig ist, können Sie es auch gut für heiße Longdrinks nehmen.

So vielfältig wie die Cocktails sind auch die Gläser, in denen sie serviert werden.

Die Hausbar – Grundausstattung

Eine optimale Grundausstattung Ihrer Bar umfaßt doch schon einiges: Basisspirituosen, Aperitifs, alkoholfreie Getränke, Gewürze, Früchte und Sahne. Hier finden Sie Wissenswertes über die Zutaten, die Sie sich zulegen sollten.

Basisspirituosen

Brandy/Cognac
Cognac ist ein Weinbrand, der ausschließlich aus dem gesetzlich abgegrenzten Charente-Gebiet Frankreichs, nördlich von Bordeaux gelegen, stammt. Ähnliche Produkte aus anderen Regionen oder Ländern (Italien, Spanien, Griechenland) heißen Weinbrand oder Brandy.
Cognac ist das bedeutendste Weindestillat. Er wird aus Weißwein nach einer alten Tradition hergestellt und muß anschließend mehrere Jahre in Eichenfässern gelagert werden.

Cachaça
Dieser Zuckerrohrbrand, auch der Rum Brasiliens genannt, wird direkt aus dem Saft des Zuckerrohrs destilliert. (Weißer Rum wird im Gegensatz dazu meist aus der Melasse gewonnen.) In Brasilien gibt es Hunderte von Cachaça-Produzenten.

Edelobstbrände
(zum Beispiel aus Williams-Birnen, Waldhimbeeren oder Mirabellen)
Sie werden in der Regel pur getrunken, zum Beispiel nach dem Essen. Man kann aber auch einige raffinierte Cocktails damit kreieren, z. B. Tartufino. Diese edlen Brände sollten Sie immer bei Raumtemperatur aufbewahren und nicht gekühlt genießen.

Gin
Gin wird auf der Basis von Getreide hergestellt und mit Wacholder, Koriander und anderen Kräutern und Gewürzen aromatisiert.
Gin ist beim Mixen die Spirituose Nr. 1, man braucht ihn für zahlreiche klassische Cocktails, unter anderem auch für den berühmtesten Cocktail der Welt, den Martinicocktail. Als einfacher Durstlöscher schmeckt Gin mit Tonic Water. Es gibt zahlreiche unterschiedliche Ginsorten.

Rum
Er wird meist aus Zuckerrohrmelasse, manchmal auch aus einem Gemisch aus Melasse und Zuckerrohrsaft hergestellt.
Man unterscheidet weißen, goldenen und braunen Rum.
Brauner Rum enthält meist 42 Vol.% Alkohol, ist aber auch mit 73 Vol.%, also hochprozentig, erhältlich.

Tequila
Der mexikanische Branntwein wird aus einer Agavenart hergestellt (Tequila ist ein geschützter Name für Agavenschnaps aus dem abgegrenzten Gebiet im Bundesstaat Jalisco). Man unterscheidet weißen und braunen Tequila, der bekannteste weiße ist der Tequila Silla, der braune der Tequila Olmeca.

Whisky/Whiskey
Whisky ist ein Getreidebranntwein. Wir unterscheiden Scotch Whisky, American Whiskey (Bourbon), Irish Whiskey und Canadian Whisky. Die großen geschmacklichen Unterschiede zwischen den Whiskysorten aus den unterschiedlichen Erzeugerländern erklären sich durch die verwendete Getreidesorte, deren Verarbeitung und die verwendeten Methoden bei Herstellung und Lagerung.
Der Whiskey sour, einer der bekanntesten Cocktails, wird mit Bourbon gemixt, der Manhattan mit Canadian Whisky.

Wodka
Er wird aus Getreide wie Gerste und Weizen beziehungsweise Roggen, aber auch aus Kartoffeln hergestellt. Rußland und Polen sind nach wie vor traditionsreiche Erzeugerländer, aber auch Finnland, Schweden, Deutschland und vor allem die USA spielen bei der Wodkaherstellung eine wichtige Rolle. Wodka kühl aufbewahren!

Aperitifs/Vermouths/Südweine

Campari
Der herb-bittere Aperitif besteht aus vielen Kräutern, Wurzeln, Früchten und Gewürzen, deren Mischung ihm das unverwechselbare Aroma verleiht. Das Verhältnis dieser Zutaten ist bis heute ein streng gehütetes Geheimnis. Viele Klassiker werden nur mit diesem hervorragenden Bitter-Aperitif zubereitet. Campari schmeckt auch pur, on the rocks oder mit Orangen- oder Maracujasaft im Verhältnis 1:5 auf Eis.

Portwein
Die Heimat der Weine für Port liegt im Norden Portugals. Erfunden wurde Portwein von den Engländern, und bis heute trägt er englische Namen. Man unterscheidet weißen und roten Port.

Der sogenannte Vintage Port (der König unter den Portweinen) aus roten Trauben ist ein Jahrgangsport aus Spitzenweinen eines Jahres. Natürlich verwendet man die teuren, alten Ports nicht zum Mixen, sondern genießt sie pur! Mit einfachem, nicht gelagertem Portwein lassen sich dagegen einige Cocktails mixen.

Sherry

Echter Sherry ist ein versetzter Südwein, der aus einem gesetzlich eingegrenzten Anbaugebiet in Andalusien stammt. Man unterscheidet trockenen (Fino oder Dry), halbsüßen (Amontillado oder Medium) und süßen Sherry (Cream oder Oloroso).
Trockene Sherries von guter Qualität werden als Aperitif kühl (8–12°) und pur getrunken. Süße Sherries sind dagegen bei einer Temperatur von etwa 18° am besten.

Vermouth

Als Vermouth bezeichnet man einen Wein, der mit Kräutern, Alkohol, Zucker, Karamel und Wasser versetzt wird. Man unterscheidet grundsätzlich trockenen (Dry, Extra Dry) und süßen (Bianco, Rosso) Vermouth.
Sehr viele klassische Cocktails, vor allem Aperitifs, wären ohne Vermouth kaum vorstellbar.

Liköre

Liköre wie Eierlikör, Benedictine, Southern Comfort, Crème de cacao, Curaçao Blue und Peach Brandy sind sogenannte gesüßte Branntweine, die aromatisiert werden. Man unterscheidet hauptsächlich Fruchtliköre, Kräuterliköre, Whiskyliköre und Cremeliköre. Für Ihre Hausbar sollten Sie in jedem Fall auf gute Qualität achten. Außer in Mixgetränken können Liköre auch pur oder on the rocks getrunken werden.

Wer sich und seine Gäste abwechslungsreich mit Drinks verwöhnen will, sollte seine Hausbar gut bestücken.

Champagner/Prosecco/Sekt

Als Champagner dürfen nur Produkte bezeichnet werden, die im gesetzlich abgegrenzten Gebiet der Champagne angebaut, aus bestimmten Trauben gekeltert und nach der Champagner-Methode hergestellt werden.
Wenn es sich nicht ausdrücklich um Champagnercocktails handelt, können Sie für die Mixgetränke auch trockenen Sekt oder italienischen Prosecco verwenden. Schaumweine sollten Sie kühl lagern und mit einer Temperatur von 6–8° servieren.

Alkoholfreie Getränke und sonstige Zutaten

Aperosso ist ein alkoholfreier Bitteraperitif.
Energy Drinks gibt es ohne Alkohol in verschiedenen Sorten im Handel. Als leicht alkoholische Variante besteht der Energie-Drink aus einer Mischung aus Jamaica Rum und Guarana.
Eistee ist kalter Tee, der mit verschiedenen Aromen angeboten wird.
Fruchtsäfte sollten Sie immer in guter Qualität kaufen. Verwenden Sie zum Mixen nur reine Fruchtsäfte. Zitronen-, Limetten- und Orangensaft (keine Blutorangen, denn die Drinkfarbe verändert sich) sollen immer frisch gepreßt werden.
Mineralwasser (mit Kohlensäure) wird zum Auffüllen von alkoholischen und alkoholfreien Mixgetränken gebraucht. Statt Mineralwasser können Sie auch Sodawasser verwenden.
Sangrita und Sangrita Picante sind gewürzte beziehungsweise scharf gewürzte Tomatensäfte.
Sirupe von Mango, Grenadine, Erdbeer, Maracuja, Kokosnuß oder Mandeln sollten Sie nur als reine Fruchtsirupe kaufen. Sowohl der reine Zuckersirup als auch Rohrzuckersirup sind im Handel erhältlich (lesen Sie auch Seite 116).

Früchte müssen immer ganz frisch sein, außerdem sollten Sie nur reife Früchte verwenden, da ihr Aroma auf den Geschmack des Drinks großen Einfluß hat.
Nur ungespritzte Früchte nehmen, und die Früchte vor der Verwendung immer sehr gut waschen.

Sahne wird für cremige Drinks verwendet. Sie muß immer sehr frisch sein und kühl gelagert werden.

Mixen und Dekorieren wie ein Profi

Drinks zubereiten

Im Glas mit Eiswürfeln verrühren
Die Zutaten mit Eiswürfeln ins Cocktailglas geben und mit dem Barlöffel verrühren, z. B. Campari Orange.

Im Rührglas mit Eiswürfeln rühren
Das Rührglas zu zwei Dritteln mit Eiswürfeln füllen, die Zutaten darin kurz und kräftig umrühren, damit der Drink nicht verwässert. Anschließend durch das Barsieb abseihen, z. B. Martinicocktail.

Im Shaker mit Eiswürfeln schütteln
Den Shaker zu zwei Dritteln mit Eiswürfeln füllen, die Zutaten kurz und kräftig schütteln, damit der Drink nicht verwässert. Anschließend durch das Barsieb abseihen, z. B. Alexander.

Im Mixer durchmixen
Für Drinks mit frisch pürierten Früchten und Eigelb mit 1–2 Eiswürfeln oder Crushed ice durchmixen. Bei Frozen Drinks mehr Eis verwenden, z. B. Strawberry Margarita frozen. Den Mixer jeweils so lange laufen lassen, bis die Frucht püriert beziehungsweise das Eis vollständig zerkleinert ist. Außerdem muß das Ganze eine homogene Flüssigkeit bilden.

Im Blender mixen
Für schaumige und exotische Drinks mit Crushed ice.

Drinks abseihen
Da das Eis, das beim Schütteln dazugegeben wird, nur dazu dient, daß der Cocktail gekühlt ist, wird es nicht mit ins Cocktailglas gegeben. Der Drink muß also abgeseiht werden. Dafür gibt es im Handel Barsiebe. Sie sollten diese Ausgabe keinesfalls scheuen!

Früchtedrinks mit Champagner mixen
Beim Pürieren der Früchte im Mixer nur einen kleinen Schuß Champagner dazugeben (etwa 2 cl). So bildet sich eine homogene Flüssigkeit, und das Fruchtmark setzt sich hinterher nicht ab. Dann im Glas mit Champagner auffüllen, der unbedingt sehr gut gekühlt sein muß. Falls sich das Fruchtmark im Glas wieder etwas absetzt, den Drink vor dem Servieren nochmals kurz und vorsichtig umrühren.
Wichtig: Kohlesäurehaltige Getränke wie Champagner oder Mineralwasser werden niemals mitgemixt, sondern nur zum Auffüllen verwendet!

Kalt servieren
Drinks müssen unbedingt kalt serviert werden. Hier gibt es verschiedene Möglichkeiten:

Drink mit Eiswürfeln servieren
Hier gilt ein Grundsatz: Eis ist nicht gleich Eis. Es kommt sehr darauf an, wie frisch und rein das Wasser war (unbedingt entchlortes Wasser verwenden). Eiswürfel sollten klar, keinesfalls trüb sein. In jedem Fall soll Bareis sehr trocken und möglichst kalt sein. Die optimale Temperatur liegt bei –5°. Ist das Eis wärmer, taut es zu schnell und verwässert den Drink dementsprechend. Ist es dagegen kälter, splittert es.

Drink mit Crushed ice servieren
Crushed ice ist gestoßenes oder gemahlenes Eis mit feiner Körnung. Sie können es mit einer elektrischen oder mechanischen Crushed-ice-Maschine herstellen. Falls Sie keine Maschine haben, auch kein Problem: Einige Eiswürfel in die Mitte eines sauberen Geschirrtuchs legen, das Tuch an den Enden zusammenfassen und die so eingewickelten Eiswürfel mit einer leeren, dickwandigen Flasche, einem Hammer oder der flachen Seite eines Fleischklopfers zerkleinern. Das Crushed ice mit einer Barschaufel in den Eisbehälter füllen.

Drink im vorgekühlten Glas servieren

Für Drinks, die ohne Eis serviert werden, müssen Sie die Gläser vorkühlen. Dafür die Gläser so lange ins Tiefkühlfach stellen, bis sie von einem Eisfilm überzogen sind.

Oder die Gläser mit Eiswürfeln oder Crushed ice füllen und dieses so lange drin lassen, bis die Gläser vor Kälte angelaufen sind. Dann das Eis wegschütten, den Drink ins Glas geben.

Allgemein gilt:

Die Drinks sollten Sie nach der Zubereitung sofort servieren bzw. trinken, weil sie kühl und frisch einfach am besten schmecken. »Genieße den Drink, solange er Dich noch anlächelt.«

Schnell und ansprechend dekorieren

Fruchtdekorationen

Dekorieren Sie nur mit frischen Früchten, die man auch mitessen kann. Aber garnieren Sie nicht zu üppig, ein Drink ist kein Obstsalat!

Und das sieht hübsch aus:
- Ganze oder halbe Fruchtscheiben, zum Beispiel von Orange, Zitrone oder Ananas, an einer Stelle zur Mitte hin einschneiden und an den Glasrand stecken.
- Geviertelte Fruchtscheiben gemischt auf Cocktailstäbchen stecken und in oder über das Glas legen. 
- Maraschinokirschen, mit oder ohne Stiel, mit ins Glas geben.
- Etwas Schokoladenpulver über den fertigen Drink streuen.
- Eine Prise Muskatnuß über den fertigen Drink reiben.

Salz- oder Zuckerrand

Diese Dekoration eignet sich für Margaritas und Crustas. Das Glas am oberen Rand rundherum mit einem Zitronenviertel gut anfeuchten und schnell, also bevor der Saft abtropft oder trocknet, gleichmäßig in eine mit Salz oder Zucker gefüllte kleine Schüssel dippen. Man nimmt einen feinen Salzrand für Margaritas und einen breiten Zuckerrand für Crustas.

Zitrusfruchtschalen/Zesten

Zitrusfrüchte enthalten in den Schalen hocharomatische, ätherische Öle, die zum »Abspritzen« der Cocktails von Bedeutung sind. Das geschieht durch Knicken und Ausdrücken kleiner Schalenstücke, der sogenannten Zesten oder Twists (meist von Zitronen und Orangen). Manche Drinks werden auch mit spiralförmig abgeschälter Zitrusschale dekoriert.

Und hier ein paar Tips:
- Die Schale möglichst so dünn abschälen, daß kein Fruchtfleisch daran bleibt.
- Nur ungespritzte, also nicht chemisch konservierte und nicht gewachste Früchte nehmen, diese gründlich waschen und gut abreiben.

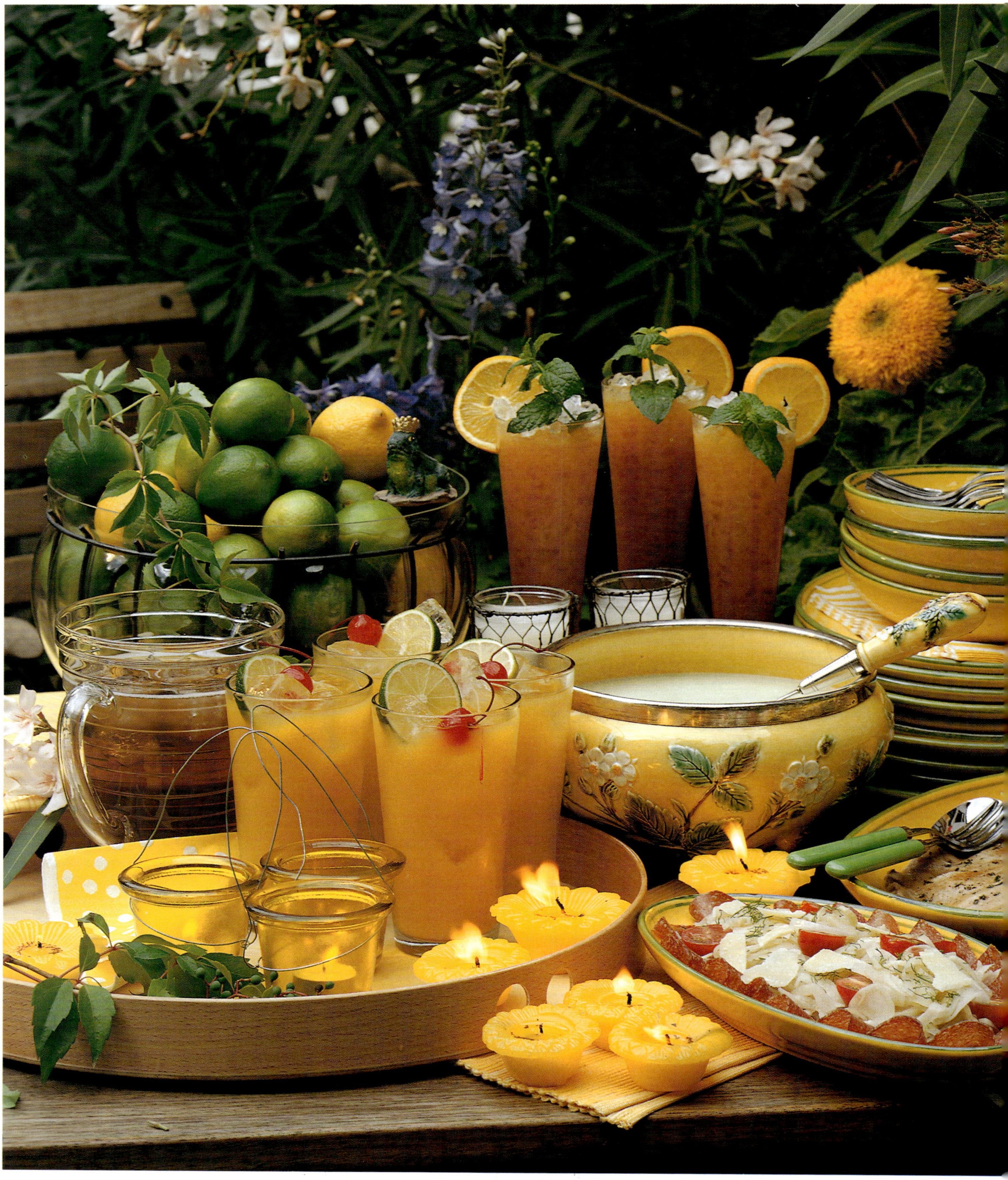

Sommernachtstraum

Einladung für 15 Personen

Träumen Sie nicht auch schon lange von einem unvergeßlichen Sommerfest auf dem Balkon oder im Garten, bei einem lauen Lüftchen und unter sternenklarem Himmel? Selbst wenn das Wetter manchmal launisch ist, die wirklich schönen Sommerabende zwischen den atlantischen Regenfronten muß man einfach uneingeschränkt genießen – ganz zwanglos in geselliger Runde. Am besten mit erfrischenden Cocktails wie Yellow Bird, Munich Sunset und Liptonice Cooler und leichtem Essen vom Buffet.

In einem Garten ist meist genügend Platz, um Buffet und Tische nahe beieinander aufzubauen. In einer Wohnung mit Terrasse/Balkon sollten Sie den Platz im Freien natürlich als Sitz-, Eß- und eventuell später auch als Tanzgelegenheit nutzen und das Buffet besser im angrenzenden Raum plazieren. Bei dieser Party können sich die Gastgeber entspannt zurücklehnen und vergnügt mitfeiern, weil sich alles bequem vorbereiten läßt. Im Blickpunkt des Buffets steht der marinierte Thymian-Braten. Vorab stimmt ein kaltes Kartoffel-Lauch-Süppchen mit Lachsstreifen auf den Feier-Abend ein. Kleine Gerichte mit viel frischem Gemüse, knackigem Salat und eine Schafkäse-Pie runden die sommerliche Schlemmerei ab. Das Finale bestreitet ein fruchtiges Dessert mit gemischten Beeren und Zitronen-Schmand.

Sommernachtstraum

Das gibt es
- Vichyssoise mit Lachs
- Fenchelgemüse mit Salami
- Sommersalat mit Früchten
- Bohnen mit Thunfisch
- Marinierter Thymian-Braten
- Schafkäse-Pie
- Beeren auf Schmandcreme

Cocktails & Co.
- Yellow Bird
- Caipirinha
- Liptonice Cooler (alkoholfrei)
- Midnight Velvet
- Munich Sunset

Neben den Cocktails sollten Sie für Ihre Gäste einen Sommerwein mit feinfruchtiger Note kalt stellen. Zum Beispiel einen Grünen Veltliner aus dem Weinviertel oder einen Welschriesling aus dem Burgenland.
Zum Durstlöschen darf es auch mal ein »G'spritzter« sein.

So wird's schneller!
- Beim Fenchelgemüse mit Salami den Fenchel nicht blanchieren, sondern roh lassen, dafür aber hauchdünn hobeln.
- Für den Bohnensalat mit Thunfisch statt der frischen, tiefgekühlte grüne Bohnen verwenden.
- Für den marinierten Thymian-Braten pro Person 2–3 dünne Scheiben fertigen Kalbsbraten kaufen. Für die Marinade 300 ml fertigen Bratenfond nehmen, wie im Rezept beschrieben würzen und die Scheiben marinieren.
- Die Schafkäse-Pie streichen und statt dessen eine Platte mit 4–5 verschiedenen Käsesorten (von mild und cremig bis zu würzig und schnittfest) anrichten.

Zeitplan

3 Tage vorher:
- Dekoration besorgen bzw. basteln.
- Musik zusammenstellen.
- Marinierten Thymian-Braten bis einschließlich Punkt 4 vorbereiten.

2 Tage vorher:
- Marinierten Thymian-Braten bis einschließlich Punkt 7 zubereiten.

Am Vortag:
- Buffet und Bar aufbauen.
- Vichyssoise bis einschließlich Punkt 3 vorbereiten.
- Teig und Füllung für die Schafkäse-Pie zubereiten (und über Nacht kalt stellen).

Am Party-Tag:
- Tische decken, alles dekorieren.
- Fenchelgemüse mit Salami zubereiten.
- Bohnen mit Thunfisch zubereiten.
- Beeren und Schmandcreme für das Dessert vorbereiten.
- Zutaten und Marinade für den Sommersalat vorbereiten.

1–2 Stunden vor Eintreffen der Gäste:
- Marinierten Thymian-Braten anrichten.
- Schafkäse-Pie in die Form schichten.
- Vichyssoise fertigstellen.
- Sommersalat fertigstellen.
- Essen aufs Buffet stellen.

Wenn die Gäste kommen:
- Schafkäse-Pie backen.

Deko-Ideen
Gelb ist die Farbe der Sonne und des Sommers. Kombiniert mit Grüntönen und mit einzelnen weißen Akzenten aufgefrischt, kann sich das lebendige Farbenspiel durch die ganze Dekoration ziehen. Ein preiswerter, gelb- oder grünweißer Baumwollstoff oder Halbleinen, gestreift oder geblümt, eignet sich als Decke für die Tische und das Buffet, alternativ tut's natürlich auch weißes oder gelbes Tuch aus Wachs oder Papier. Beim Geschirr kann zusammengestellt werden, was Ihre Schränke in den Farben hergeben. Besitzen Sie ausschließlich weißes Geschirr, passen gelbe und grüne Accessoires als hübsche Farbtupfer.

Doppelten Effekt haben flache Kerzen in Sonnenblumenform: Zuerst brillieren sie als Tischdekoration, später am Abend mit anheimelndem Kerzenschein. Etwas mehr Licht spenden Laternen im Antiklook oder Leuchtgirlanden, die an Bäume oder Balkongitter gehängt werden können. Feiern Sie im Garten, können Sie auch zusätzlich Lichtfackeln aufstellen; für den Balkon wäre das allerdings zu gefährlich.
Das Buffet kann ein Früchte-Stillleben schmücken: Füllen Sie einen Korb oder eine Schale zur Hälfte mit Moos, stapeln dann Zitronen und Limetten hinein und garnieren das Arrangement mit Efeu oder anderen grünen Blättern.

Tip!
Falls Sie dem Wetter nicht ganz trauen, sollten Sie gerüstet sein. Besorgen Sie sich mindestens zwei große Sonnenschirme, sie schützen das Buffet und die Bar vor zu viel Sonnenstrahlen ebenso wie vor plötzlichem Regen. Die Telefonnummer des Party-Schirm-Verleihs finden Sie in den Gelben Seiten des Telefonbuchs.

Mit Allzweckfolie (aus dem Baumarkt) können Sie Tische, Bänke, Buffet und Bar ebenfalls vor einem kurzen Regenguß schützen.
Auch wenn es als Fest im Freien geplant ist, schaffen Sie in der Wohnung genügend Platz, damit Ihre Gäste im Notfall dort einen trockenen Unterschlupf finden.

Gelb gibt den Ton an bei der Hochsommerparty. Ganz nach dem Motto: Sonne kann man nie genug kriegen.

Vichyssoise mit Lachs

Zutaten für 15 Personen:
2 kg Lauch
800 g Kartoffeln
etwa 2 l Geflügelbrühe
250 g Sahne
Salz
Cayennepfeffer
½ Teel. Currypulver
je 1 Bund Dill und Schnittlauch
200 g geräucherter Lachs

Erfrischend

Zubereitungszeit: etwa 1 Stunde
(dazu 3 Stunden Kühlzeit)

1. Den Lauch putzen, gründlich waschen und nur den weißen und hellgrünen Teil in Ringe schneiden. Die Kartoffeln schälen, waschen und klein würfeln.

2. Lauch und Kartoffeln in einen großen Suppentopf geben und mit etwa 1½ l Geflügelbrühe bedecken. Zugedeckt aufkochen und bei mittlerer Hitze in etwa 20 Minuten weich köcheln. Anschließend portionsweise mit dem Pürierstab oder im Mixer fein pürieren.

3. Die Suppe im Topf mit der Sahne und so viel von der übrigen Brühe verrühren, daß sie eine sämige Konsistenz bekommt. Unter Rühren aufkochen lassen und die Suppe mit etwas Salz, Cayennepfeffer und dem Curry abschmecken. Zugedeckt mindestens 3 Stunden oder über Nacht im Kühlschrank gut durchkühlen lassen.

4. Vor dem Servieren die kalte Vichyssoise durchrühren und eventuell nachwürzen. Die Kräuter waschen. Den Schnittlauch in Röllchen schneiden, die Dillspitzen abzupfen. Den Lachs in feine Streifen schneiden. Lachs und Kräuter über die Suppe streuen oder getrennt in Schälchen dazu stellen.

Fenchelgemüse mit Salami

Zutaten für 15 Personen:
4 mittelgroße Fenchelknollen
3 Zitronen
Salz
250 g Cocktailtomaten
75 g Parmesan im Stück
4 Eßl. Olivenöl, kaltgepreßt
schwarzer Pfeffer, frisch gemahlen
100 g Salami in kleinen, dünnen Scheiben

Raffiniert

Zubereitungszeit: etwa 40 Minuten

1. Von den Fenchelknollen alle braunen Stellen abschneiden und das Fenchelgrün beiseite legen. Den Fenchel längs halbieren, vom Strunk befreien und waschen. Anschließend in dünne Scheiben schneiden, das geht am besten mit einem Küchenhobel. Die Zitronen auspressen.

2. In einem Topf reichlich Wasser, etwas Salz und 4 Eßlöffel Zitronensaft aufkochen lassen. Den Fenchel darin portionsweise etwa 1 Minute blanchieren. Herausheben, kalt abschrecken und sehr gut abtropfen lassen.

3. Die Cocktailtomaten waschen, abtrocknen und halbieren. Den Käse hobeln. Aus dem Olivenöl, 5–6 Eßlöffeln Zitronensaft, Salz und Pfeffer eine Marinade rühren und abschmecken.

4. Den Fenchel, die Tomaten und die Salami auf einer Platte anrichten und mit der Marinade beträufeln. Das Fenchelgrün kurz waschen und nur grob hacken. Mit dem Käse auf den Salat streuen.

Raffiniertes für heiße Tage: Fenchelgemüse mit Salami (links) und Sommersalat mit Früchten (rechts).

Sommersalat mit Früchten

Zutaten für 15 Personen:
Für den Salat:
500 g Zuckerschoten
Salz
500 g kleine Zucchini
500 g reife Nektarinen
etwa 1 Eßl. Zitronensaft
1 orangefleischige Melone (z. B. Charentais oder Kantalup, etwa 750 g)
1 kg gemischte Blattsalate
(Kopfsalat, Lollo Rosso, Frisée, Eichblattsalat, Romana, Rucola)
Für die Marinade:
10 Eßl. Himbeeressig
10 Eßl. Sonnenblumenöl, kaltgepreßt
Salz
schwarzer Pfeffer, frisch gemahlen
1 Prise Zucker

Dekorativ

Zubereitungszeit: etwa 1 Stunde

1. Die Zuckerschoten waschen, die Enden abknipsen und eventuell die Fäden abziehen. Die Schoten portionsweise in reichlich kochendem Salzwasser in 3–4 Minuten bißfest garen, kalt abschrecken und gut abtropfen lassen.

2. Die Zucchini putzen, waschen und mit der Schale in dünne Scheiben schneiden. Die Nektarinen waschen, halbieren und entkernen, in feine Spalten schneiden. Die Nektarinenspalten mit etwas Zitronensaft beträufeln.

3. Die Melone halbieren und die Kerne mit einem Löffel entfernen. Die Melonenhälften zuerst in Spalten schneiden, dann das Fruchtfleisch von der Schale lösen und in Stücke schneiden. Den austretenden Saft dabei auffangen.

4. Den Salat putzen und waschen. Entweder in einem Sieb gut abtropfen lassen oder in einer Salatschleuder trockenschleudern. Die Blätter in mundgerechte Stücke zupfen.

5. Für die Marinade den Melonensaft und alle anderen Zutaten in einem hohen Rührbecher mit dem Pürierstab des Handmixers zu einer cremigen Sauce mischen und abschmecken.

6. Salate, Melone, Nektarinen, Zucchini und Zuckerschoten in einer großen Schüssel locker vermischen. Die Marinade darübergeben und vorsichtig unterheben.

Tips!
Von der Salatmenge am besten erst mal nur die Hälfte anmachen und servieren. Die andere Hälfte später am Abend servieren.
Statt Nektarinen können Sie auch Pfirsiche verwenden.

Bohnen mit Thunfisch

Zutaten für 15 Personen:
500 g grüne Bohnen
Salz
300 g tiefgekühlte dicke Bohnen
3 Eßl. Weißweinessig
2 Eßl. Aceto balsamico (Balsamessig)
schwarzer Pfeffer, frisch gemahlen
½ Teel. Senf
6–7 Eßl. Olivenöl
2 Schalotten
2 Dosen Thunfisch in Öl (je 150 g Abtropfgewicht)
4–5 Blättchen Zitronenmelisse (ersatzweise Minze oder Petersilie)

Gelingt leicht

Zubereitungszeit: etwa 50 Minuten

1. Die frischen Bohnen waschen, an den Enden kappen und entfädeln. Die Bohnen schräg in etwa 4 cm lange Stücke schneiden. In sprudelnd kochendem Salzwasser in 5–6 Minuten bißfest garen, herausheben, eiskalt abschrecken und gut abtropfen lassen.

2. Die tiefgekühlten dicken Bohnen ins kochende Salzwasser geben und etwa 3 Minuten sprudelnd kochen lassen. Abschrecken, abtropfen lassen und die Kerne aus den Häutchen drücken.

3. Für die Marinade beide Essigsorten, etwas Salz, Pfeffer, den Senf und das Öl kräftig verschlagen. Die Schalotten schälen und sehr fein würfeln. Mit der Marinade unter die noch warmen Bohnen mischen. Das Gemüse zugedeckt kalt werden lassen.

4. Den Thunfisch abgießen und in nicht zu kleine Stücke zerpflücken. Die Zitronenmeliesse abspülen und in feine Streifen schneiden. Thunfisch und Melisse unter das Bohnengemüse heben und nochmals abschmecken.

Tip!
Wer keine dicken Bohnen bekommt, kann stattdessen auch weiße Bohnen aus der Dose nehmen.

Variante
Kräftiger schmeckt das Gericht, wenn Sie statt Thunfisch Räucherfisch unter die Bohnen mischen. Schillerlocken oder Makrelenfilet eignen sich hier besonders gut. Insgesamt 300–400 g Fisch in dünne Scheiben oder kleine Stücke schneiden und wie im Rezept beschrieben unterheben.

Marinierter Thymian-Braten

Zutaten für 15 Personen:
2 kg Kalbsnuß
Salz
schwarzer Pfeffer, frisch gemahlen
4 kleine Zwiebeln
2 mittelgroße Möhren
2 Eßl. Butterschmalz
1 Bund Thymian
4 Lorbeerblätter
400 ml Kalbsfond aus dem Glas oder Instant-Fleischbrühe
8–10 Eßl. Aceto balsamico (Balsamessig)
Außerdem: Alufolie zum Einwickeln

Raffiniert

Zubereitungszeit: etwa 1 Stunde (dazu 1¼ Stunden Garzeit, 1 Stunde Abkühlzeit und Marinierzeit über Nacht)

1. Die Kalbsnuß kurz kalt abspülen und gut abtrocknen, anschließend rundherum mit Salz und Pfeffer einreiben. Den Backofen auf 200° vorheizen.

2. Die Zwiebeln und Möhren schälen, die Möhren waschen, das ganze Gemüse kleinschneiden. Das Butterschmalz in einem großen Bräter erhitzen, das Kalbfleisch darin bei starker Hitze von allen Seiten anbraten. Den Thymian abspülen, bis auf 4 Zweige zusammen mit dem Gemüse und den Lorbeerblättern zum Braten geben.

3. Das Fleisch in den Ofen schieben (Mitte; Umluft 180°) und zugedeckt etwa 1¼ Stunden braten, dabei von Anfang an immer wieder mit dem Kalbsfond begießen.

4. Die Kalbsnuß aus dem Bräter heben, in Alufolie wickeln und abkühlen lassen. Den Bratenfond durch ein feines Sieb gießen.

5. Den abgekühlten Kalbsbraten in dünne Scheiben schneiden (das geht besonders schnell und gut mit einem elektrischen Allesschneider und der glatten Schneidseite).

6. Vom restlichen Thymian die Blättchen abzupfen. Den Bratenfond kurz erwärmen und mit dem Essig verrühren.

7. In einer großen Schüssel oder auf einer Platte nun lagenweise die Fleischscheiben einschichten. Jede Schicht mit grob gemahlenem Pfeffer und Thymianblättchen bestreuen und mit Bratenfond-Marinade bestreichen. Die Schüssel gut abdecken und den Thymian-Braten über Nacht an einem kühlen Ort marinieren.

8. Vor dem Servieren die Fleischscheiben samt der Marinade auf einer großen Platte dekorativ anrichten. Dazu schmeckt Baguette.

Schafkäse-Pie

Zutaten für eine Pizza- oder Obstkuchenform von 30 cm ⌀:
Für den Teig:
250 g Topfen oder Magerquark
250 g Butter
300 g Mehl
Für die Füllung:
1 Eßl. Butter
1 Eßl. Mehl
¼ l Milch
Salz
weißer Pfeffer, frisch gemahlen
Muskatnuß, frisch gerieben
1 Eßl. Zitronensaft
1 Teel. abgeriebene unbehandelte Zitronenschale
500 g milder Schafkäse (Feta)
4 Eier
100 g grüne entsteinte Oliven
3 Eßl. Petersilie, fein gehackt
3 Teel. getrockneter Oregano
1 Eigelb
1–2 Teel. Kümmelkörner
Außerdem: Fett für die Form

Braucht etwas Zeit
Vegetarisch

Zubereitungszeit: etwa 1¼ Stunden
(dazu 1 Stunde Kühlzeit)

Frisch aus dem Ofen schmeckt die Schafkäse-Pie am besten.

1. Für den Teig den Topfen oder Quark in ein Küchentuch geben und gut auspressen. Die Butter in kleine Stücke schneiden. Den Topfen mit der Butter in einer Schüssel verrühren, dann das Mehl rasch unterkneten. Den Teig zugedeckt im Kühlschrank mindestens 1 Stunde ruhen lassen.

2. Für die Füllung die Butter in einem Topf schmelzen, das Mehl hinzufügen und hellgelb anschwitzen. Mit der Milch aufgießen und unter ständigem Rühren einmal kräftig aufkochen lassen. Diese Béchamelsauce mit Salz, Pfeffer, Muskat, dem Zitronensaft und der -schale kräftig würzen.

3. Den Schafkäse zerbröckeln und in der Béchamelsauce schmelzen lassen. Die Sauce vom Herd nehmen. Die Eier nach und nach in die lauwarme Sauce rühren. Die Oliven fein hacken und mit der Petersilie und 2 Teelöffeln Oregano unter die Käsesauce mischen. Die Sauce nochmals abschmecken.

4. Die Teigmenge vierteln und jedes Viertel auf Backformgröße ausrollen. Den Backofen auf 200° vorheizen. Die Backform ausfetten und mit einer Teigschicht auslegen. Darauf ein Drittel der Käsesauce geben. Weiter so einschichten und mit der vierten Teigschicht abschließen.

5. Das Eigelb mit dem Kümmel, dem restlichen Teelöffel Oregano und 1 Eßlöffel Wasser gut verquirlen, den Teigdeckel damit bepinseln.

6. Die Käse-Pie im Backofen (unten; Umluft 180°) etwa 30 Minuten backen, bis die Oberfläche goldbraun ist. Möglichst noch warm servieren.

Tip!
Die Schafkäse-Pie schmeckt warm oder lauwarm am besten. Schneiden Sie sie wie eine Torte in mindestens 15 Stücke. Statt der grünen Oliven können Sie auch schwarze nehmen.

Beeren auf Schmandcreme

Zutaten für 15 Personen:
4 ganz frische Eigelb
4 Eßl. Zucker
3 Päckchen Vanillezucker
750 g Schmand
abgeriebene Schale von 1 unbehandelten Zitrone
200 g Joghurt
Saft von 1–2 Zitronen
1,2 kg gemischte Beeren
2–3 Zweige Zitronenmelisse
Puderzucker zum Bestäuben

Erfrischend

Zubereitungszeit: etwa 30 Minuten
(dazu 1 Stunde Kühlzeit)

1. Die Eigelbe mit dem Zucker und dem Vanillezucker in einer großen Schüssel schaumig schlagen. Den Schmand und die abgeriebene Zitronenschale darunterrühren. So viel Joghurt hinzufügen, daß die Masse eine leicht cremige Konsistenz bekommt. Mit Zitronensaft abschmecken und zugedeckt etwa 1 Stunde in den Kühlschrank stellen.

2. Die Beeren putzen, behutsam waschen und gut abtropfen lassen. Die Zitronenmelisse waschen, die Blättchen von den Stengeln lösen und je nach Größe in Stücke zupfen, unter die Beeren mengen.

3. Zum Servieren am besten die leicht gekühlte Schmandcreme in Schüsselchen oder tiefe Teller verteilen, jeweils etwas von der Beerenmischung daraufgeben und mit einem Hauch Puderzucker bestäuben.

Tip!

Wenn Sie keinen Schmand bekommen, können Sie je zur Hälfte Crème fraîche und saure Sahne mischen.

Von links nach rechts: Liptonice Cooler, Caipirinha und Yellow Bird.

1. Die Limette waschen, abtrocknen und längs in Achtel schneiden.

2. Die Limettenstücke mit dem Rohrzucker in das Cocktailglas geben und mit dem Stößel gründlich zerdrücken. Dabei mehr ins Fruchtfleisch als in die Schale drücken, damit die Schale nicht zu viele Bitterstoffe abgibt. Es bildet sich dabei etwa 3 cl Limettensaft.

3. Cachaca dazugießen und den Drink mit den Eiswürfeln auffüllen. Alles mit dem Barlöffel von unten nach oben gut durchrühren, bis sich der Zucker aufgelöst hat, dann servieren.

Tips!
Caipirinha wird original mit Eiswürfeln serviert. Wer möchte, kann aber auch mit zerstoßenem Eis auffüllen. Dann den Drink allerdings mit Strohhalm servieren.
Sollte die Limette sehr hart sein, sollten Sie sie besser vorher mit der Hand auf der Arbeitsfläche weich drücken.

Yellow Bird

Zutaten für 1 Drink:
3 cl Cognac
1 cl Crème de Cacao, weiß
6 cl Orangensaft, frisch gepreßt
6 cl Marajucasaft
1 cl Mangosirup
Zum Garnieren:
4–5 Eßl. zerstoßenes Eis
1 Karambole
Außerdem:
1 Cocktailglas
Shaker
Barsieb
Trinkhalm

1. Den Cognac, den Crème de Cacao, den Orangen- und den Maracujasaft sowie den Mangosirup in den Shaker geben und 8–10 Sekunden kräftig schütteln.

2. Das zerstoßene Eis in das Cocktailglas geben, den Drink durch das Barsieb darüber abseihen.

3. Die Karambole waschen, in der Mitte halbieren und eine Scheibe abschneiden. An einem Ende bis zur Mitte einschneiden und an den Glasrand stecken. Mit Trinkhalm servieren.

Caipirinha

Zutaten für 1 Drink:
1 reife Limette
2 Barlöffel weißer Rohrzucker aus Brasilien (oder 2 cl Rohrzuckersirup)
6 cl Cachaça
4–5 Eiswürfel
Außerdem:
1 Cocktailglas
Stößel (vom Mörser)
Barlöffel

Liptonice Cooler
(alkoholfrei)

Zutaten für 1 Drink:
3–4 Eiswürfel
14 cl (½ Dose) Liptonice
14 cl Orangensaft, frisch gepreßt
1 cl Mangosirup
Zum Garnieren:
2 Limettenscheiben
1 Kirsche mit Stiel
Außerdem:
1 Cocktailglas
Barlöffel
Trinkhalm

1. Die Eiswürfel ins Glas geben. Den Liptonice, den Orangensaft und den Mangosirup nacheinander hineingießen.

2. Alles kurz mit dem Barlöffel verrühren, den Drink mit den Limettenscheiben und der Kirsche garnieren. Mit Trinkhalm servieren.

Midnight Velvet

Zutaten für 1 Drink:
4 cl Vermouth Rosso
½ cl Bénedictine D.O.M. Liqueur
½ cl Zuckersirup
6 cl Ananassaft
8 cl roter Traubensaft
5–6 Eiswürfel für den Shaker
4–5 Eßl. gestoßenes Eis für das Glas
Zum Garnieren:
1 Zitronenscheibe
(sonnenförmig gezackt)
Außerdem:
Shaker
1 Cocktailglas
Barsieb
Trinkhalm

1. Den Vermouth mit dem Bénedictine, dem Zuckersirup, dem Ananas- und dem Traubensaft sowie den Eiswürfeln in den Shaker geben und 8–10 Sekunden kräftig schütteln.

2. Das gestoßene Eis ins Glas geben, den Drink durch das Barsieb darüber abseihen.

3. Den Glasrand mit der Zitronenscheibe garnieren, den Drink mit Trinkhalm servieren.

Munich Sunset

Zutaten für 1 Drink:
6 cl Maracujasaft
3 cl Wodka
2 cl Peach Brandy
5–6 Eiswürfel für den Shaker
3–4 Eßl. zerstoßenes Eis für das Glas
gekühlter Sekt zum Auffüllen
½ cl Grenadinesirup
Zum Garnieren:
1 Orangenscheibe
1 Zweig frische Minze
Außerdem:
Shaker
1 Cocktailgals
Barsieb
Trinkhalm

1. Den Maracujasaft, den Wodka und den Peach Brandy mit den Eiswürfeln in den Shaker geben und 8–10 Sekunden kräftig schütteln.

2. Das zerstoßene Eis in das Glas füllen, den Cocktail durch das Barsieb darüber abseihen. Mit Sekt auffüllen.

Midnight Velvet (links) und Munich Sunset (rechts).

3. Den Grenadinesirup vorsichtig über den Drink gießen. Er setzt sich nach unten ab. Das Glas mit der Orangenscheibe, Minze und Trinkhalm garnieren.

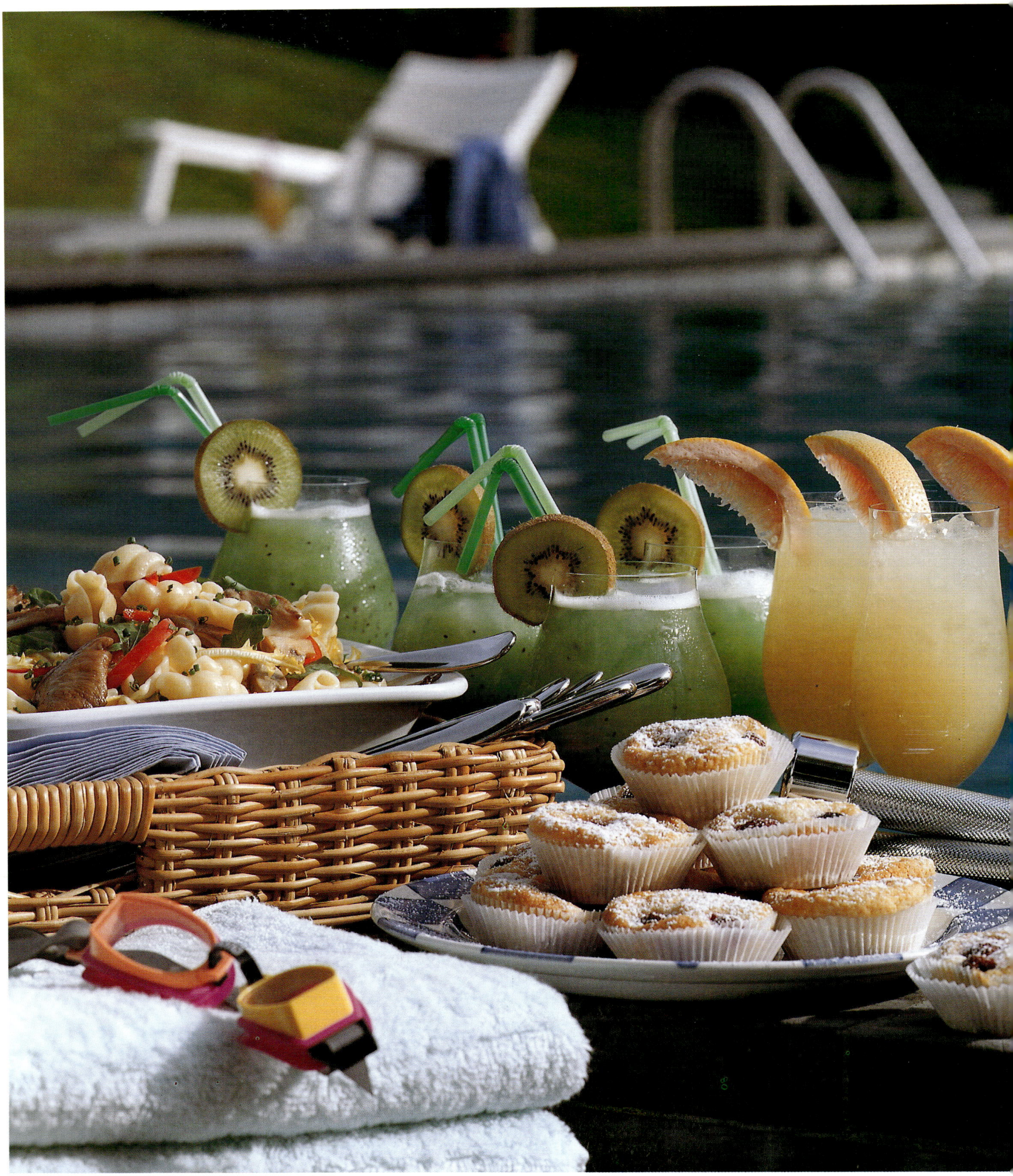

Fit for fun

Pool-Party für 15 Personen
Sommer und Sonne symbolisieren vor allem Spaß und Bewegung im Freien. Was liegt da näher, als Ihre Freunde an einem frühen Nachmittag zu einer Out-Door-Party mit kleiner Sportanimation einzuladen. Die Cocktails werden, bis auf eine Ausnahme, gänzlich ohne Alkohol – dafür mit viel Frucht und reichlich Vitaminen – gemixt. Die kulinarische Seite präsentiert sich mit allerlei vegetarischen Leckereien: Marinierte Möhren, Glücksrollen, Nudelsalat mit Pilzen, Tomatenkuchen vom Blech und kleine Kirschtörtchen. Alles leicht und frisch – genau das Richtige für Genießer und Freizeitsportler. Am tollsten ist das Fest natürlich am eigenen Pool. Sie können es aber auch an einen Badesee verlegen, ein Picknick im Grünen veranstalten oder das Zusammensein einfach im eigenen Garten genießen. Die Cocktails schmecken überall und das Essen kann gut vorbereitet und problemlos transportiert werden.

Fit for fun

Das gibt es
- Marinierte Möhren
- Glücksrollen
- Kartoffel-Tortilla mit Salbei
- Nudelsalat mit zweierlei Pilzen
- Tomatenkuchen vom Blech
- Kirschtörtchen

Cocktails & Co.
- Sparkling Kiwi
- Fitness Time
- Sportsman
- Swimming Pool (mit wenig Alkohol)

Außer den Cocktails passen Cidre (Apfelwein), Apfelsaftschorle und Eistee zum Essen.

So wird's schneller!
- Statt die Glücksrollen selber zu machen, tiefgekühlte Frühlingsrollen kaufen, fritieren und kalt mit der Sauce servieren.

Deko-Ideen
Locker, unkompliziert und sicher ein wenig sportiv wird es auf dieser Party zugehen. Dann passen am besten Bistro-Geschirr oder unifarbene Teller und schlichtes Besteck. Papierservietten mit Sportmotiven sind witzig dazu. Zum Essen und Sitzen genügen Biergartentische und -bänke. Für das Essen können Sie ein kleines Buffet aufbauen. Auf die Tische und das Buffet kommen Decken, die farblich mit dem verwendeten Geschirr harmonieren. Dekoriert wird mit Spielen. Ja, mit echten Freizeit-Sport-Spielen. Zum Beispiel Feder- oder Softballspiele, Frisbee-Scheiben, Jonglierbälle, Springseile und Lenkdrachen. Einiges davon werden Sie sicher schon haben, ein paar Spiele müssen Sie vielleicht noch dazukaufen. Kleinere Teile verteilen Sie auf die Tische und aufs Buffet, größere können Sie als Blickfang an die nächste freie Wand stellen. Ihre Gäste werden während der Party mit riesigem Spaß immer wieder mal eine Runde »action« einlegen.

Feier im Grünen
Wenn Sie die Party außer Haus verlegen, ist es nötig, die Speisen in stabilen und leichten Verpackungen zu transportieren, damit sie frisch und appetitlich ankommen. Die marinierten Möhren, die Glücksrollen, die Tortillas und den Nudelsalat am besten in Kunststoffdosen mit fest schließenden Deckeln transportieren, die dazugehörigen Saucen in Schraubverschlußgläser füllen und mit Kühlakkus in Kühltaschen packen. Den Tomatenkuchen können Sie zu Hause schon in Portionsstücke schneiden. Tomatenkuchen und Kirschtörtchen so verpacken, daß sie nicht zerdrückt werden können.
Bei den Cocktails sollten Sie sich eventuell auf zwei beschränken. Die Zutaten dafür können mitgenommen werden. Oder Sie mixen die Drinks schon vorher und füllen sie in Thermoskannen. Selbst auf Eiswürfel brauchen Sie nicht zu verzichten, die lassen sich nämlich ebenfalls gut in Thermoskannen transportieren. Die anderen Getränke bleiben in Kühltaschen über mehrere Stunden wunderbar kalt.
Am besten ist es, wenn Sie alle Speisen (bis auf den Tomatenkuchen und die Kirschtörtchen) und die Getränke vor dem Einpacken möglichst gut kühlen. Dann dick in Zeitungspapier wickeln – die Kälte bleibt so länger erhalten. Draußen in der Natur wird das Buffet natürlich improvisiert. Folgende Dinge brauchen Sie aber unbedingt: unzerbrechliches Geschirr, Schüsseln oder Platten zum Anrichten, stabile Gläser, Besteck, ein größeres Messer zum Schneiden, Löffel zum Portionieren, Servietten, Tischtücher und einen großen Beutel für den Abfall. All das läßt sich prima in großen Körben verstauen.

Zeitplan

2–3 Tage vorher:	• Dekoration zusammenstellen bzw. besorgen.
Am Vortag:	• Marinierte Möhren und Joghurtsauce zubereiten. • Mürbeteig für den Tomatenkuchen vorbereiten (über Nacht kühl stellen).
Am Party-Tag:	• Buffet und Bar aufbauen. • Glücksrollen herstellen. • Kartoffel-Tortillas zubereiten. • Nudelsalat und Dressing vorbereiten. • Kirsch-Törtchen backen. • Tische decken und alles dekorieren.
1–2 Stunden vor Eintreffen der Gäste:	• Tomatenkuchen fertigstellen und backen. • Marinierte Möhren anrichten. • Glücksrollen anrichten. • Kartoffel-Tortillas aufschneiden und anrichten. • Nudelsalat und Dressing vermengen. • Essen aufs Buffet stellen.

Marinierte Möhren

Zutaten für 15 Personen:
3 Bund junge Möhren mit Grün
(je etwa 500 g)
Salz
3 Eßl. Aceto balsamico (Balsamessig)
3 Eßl. Weißweinessig
schwarzer Pfeffer, frisch gemahlen
10 Eßl. Sonnenblumenöl, kaltgepreßt
3 Eßl. Rosinen
1 Teel. Korianderkörner
750 g Vollmilch-Joghurt
150 g Crème fraîche
4–5 Eßl. Orangensaft, frisch gepreßt
1 Teel. Honig
1 Stück frischer Ingwer (etwa 4 cm)
Cayennepfeffer
Koriander, gemahlen

Gut vorzubereiten

Zubereitungszeit: etwa 1 Stunde
(dazu Marinierzeit über Nacht)

1. Das Grün von den Möhren bis auf etwa 2 cm abschneiden, Stiele mit ganz zarten Möhrenblättchen ins Wasser stellen. Die Möhren schälen, kurz abspülen und längs halbieren, dabei auch das Grün halbieren.

2. Die Möhrenhälften in wenig Salzwasser zugedeckt bei mittlerer Hitze etwa 10–15 Minuten bißfest garen. Anschließend kalt abschrecken und gut abtropfen lassen.

3. Aus den beiden Essigsorten, etwas Salz, reichlich Pfeffer und dem Öl eine Marinade rühren. Die Rosinen und Korianderkörner daruntermischen. Die Möhren in eine oder zwei flache Formen legen, mit der Marinade bepinseln und zugedeckt über Nacht kalt stellen.

4. Den Joghurt mit der Crème fraîche, Orangensaft und Honig glattrühren. Den Ingwer schälen und fein reiben. Die Joghurtsauce mit Salz, Cayennepfeffer, Koriander und geriebenem Ingwer kräftig abschmecken.

5. Zum Servieren die marinierten Möhren dekorativ auf einer Platte oder einem Teller anrichten. Zartes Möhrengrün waschen, je nach Größe zerzupfen und über die Möhren streuen. Etwas von der Joghurtsauce darüber löffeln, die restliche Sauce in einem Schälchen dazustellen.

Tip!
Wenn Ihnen die Möhrenblättchen als Garnitur zu ungewöhnlich erscheinen, können Sie statt dessen natürlich auch glatte Petersilie nehmen.

Variante
Auf diese Art und Weise können Sie auch anderes Gemüse marinieren. Gut eignen sich zum Beispiel kleine feste Zucchini, makellose Fenchelknollen, und topffrischer Staudensellerie. Geputzte Zucchini vierteln und etwa 5 Minuten blanchieren. Fenchelknollen je nach Größe so achteln oder sechsteln, daß sie am Wurzelende noch zusammenhalten. In Salzwasser mit etwas Zitronensaft in etwa 10 Minuten bißfest garen. Den Staudensellerie putzen und das zarte Grün zum Garnieren beiseite legen. Die Stangen in etwa 7 cm lange Stücke schneiden und in 5–8 Minuten blanchieren. Dann wie im Rezept beschrieben zubereiten.

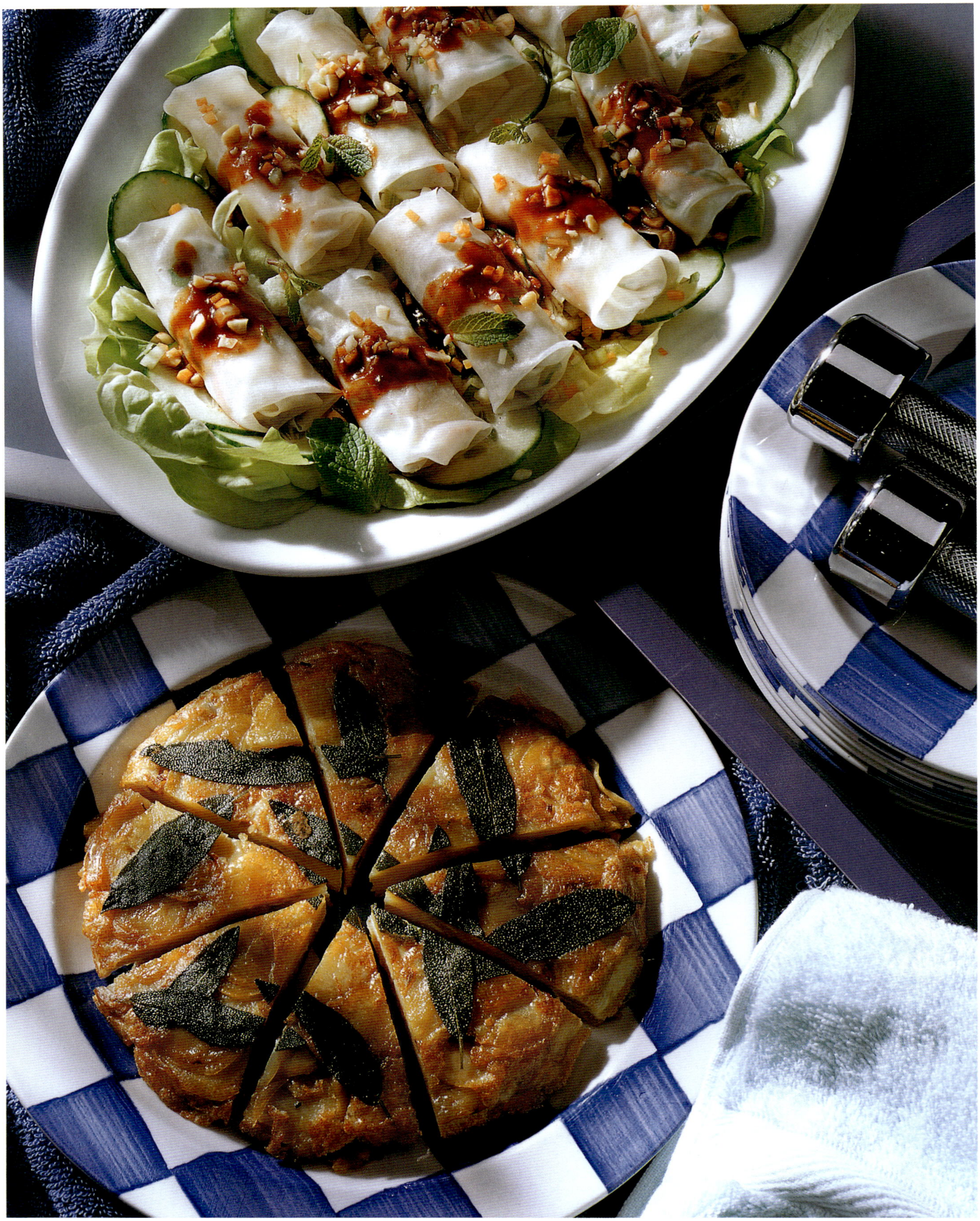

Kartoffel-Tortilla mit Salbei

Zutaten für 15 Personen:
1 kg kleine festkochende Kartoffeln
12 Eßl. Olivenöl
3 Zwiebeln
20 schöne Salbeiblätter
8 große Eier
Salz
schwarzer Pfeffer, frisch gemahlen

Schmeckt auch kalt

Zubereitungszeit: etwa 1¼ Stunden

1. Die Kartoffeln schälen, in dünne Scheiben hobeln und trockentupfen. Die Hälfte vom Öl in einer großen Pfanne erhitzen und die Kartoffeln darin unter Wenden zugedeckt bei mittlerer Hitze in 15–20 Minuten weich dünsten, aber nicht braten.

2. Die Zwiebeln schälen und in feine Würfel schneiden. Den Salbei waschen.

3. Die Zwiebeln unter die Kartoffeln mischen und die Kartoffeln bei starker Hitze kurz goldbraun braten. Überschüssiges Öl abgießen.

4. In einer Schüssel die Eier verschlagen und kräftig mit Salz und Pfeffer würzen. Die etwas abgekühlte Kartoffelmasse unter die Eier mischen.

5. In einer Pfanne mit hohem Rand und 16–18 cm Durchmesser 3 Eßlöffel Öl erhitzen. Die Hälfte der Salbeiblätter hineingeben und die Hälfte der Tortillamasse darauf verteilen. Glattstreichen und bei schwacher Hitze in etwa 6 Minuten stocken lassen, dabei immer wieder an der Pfanne rütteln.

6. Die Tortilla mit Hilfe eines großen flachen Tellers wenden und in 6–8 Minuten fertiggaren. Die zweite Tortilla im übrigen Öl ebenso braten. Die Kartoffel-Tortillas entweder wie Kuchenstücke jeweils in 8–10 schmale Stücke oder in Würfel schneiden.

◁ *Glücksrollen (oben) und Kartoffel-Tortilla mit Salbei (unten) sind sommerlich-leichte Köstlichkeiten.*

Glücksrollen

Zutaten für 15 Personen:
Für die Rollen:
30 Reisteigblätter
(Ø 16 cm, etwa 200 g, Asienladen oder Asienabteilung im Supermarkt)
1 Salatgurke
4 Möhren
4 Stangen Staudensellerie
1 Bund Frühlingszwiebeln
3–4 Eßl. Zitronensaft
Salz
weißer Pfeffer, frisch gemahlen
1 Prise Zucker
1 Bund Minze
200 g Tiefseegarnelen, geschält und gekocht
Für die Sauce:
150 ml Sojasauce
150 ml Hoisinsauce (Asienladen)
3–4 Eßl. Zitronensaft
1 Teel. Zucker
Außerdem:
1 Kopfsalat
150 g ungesalzene Erdnüsse, fein gehackt

Kalorienarm

Zubereitungszeit: etwa 35 Minuten

1. Die Reisteigblätter nebeneinander auf nasse Küchenhandtücher legen, mit weiteren nassen Küchenhandtüchern bedecken und in etwa 10 Minuten weich und formbar werden lassen.

2. Eine Hälfte der Salatgurke schälen, längs halbieren und entkernen. Die Möhren, den Stangensellerie und die Frühlingszwiebeln putzen und waschen. Gurke, Möhren und Sellerie in sehr feine kurze Streifen schneiden. Das geht besonders schnell und leicht auf dem Gemüsehobel mit dem Julienneschneider. Die Frühlingszwiebeln in feine Ringe schneiden. Etwa 5 Eßlöffel vom vorbereiteten Gemüse abnehmen, fein würfeln und zugedeckt beiseite stellen.

3. Den Zitronensaft mit Salz, Pfeffer und Zucker verrühren und unter das Gemüse mischen.

4. Die Minze waschen, 4–5 Blätter in feine Streifen schneiden. Mit den Garnelen zur Gemüsemischung geben.

5. Jeweils etwa 1 Eßlöffel Füllung auf die untere Mitte eines Reisteigblattes geben. Zuerst das untere Ende über die Füllung schlagen, dann die beiden Seiten. Das Blatt von unten her fest zu einer Rolle formen. Die Rollen mit einem feuchten Tuch bedecken und kühl stellen.

6. Für die Sauce die Sojasauce, die Hoisinsauce, den Zitronensaft und Zucker miteinander verrühren.

7. Zum Servieren den Salat putzen, waschen und sehr gut abtropfen lassen. Eine große Platte mit den Salatblättern auslegen und die Glücksrollen darauf anrichten. Mit dem gewürfelten Gemüse bestreuen. Die restlichen Minzezweige und die in Scheiben geschnittene zweite Gurkenhälfte mit auf die Platte legen. Die Sauce und die Erdnüsse jeweils in zwei Schälchen füllen und dazustellen.

8. Die Glücksrollen werden mit etwas Sauce beträufelt und mit Erdnüssen bestreut aus der Hand gegessen. Salat- und Gurkenblätter sowie die Minzeblätter ißt man dazu.

Tip!
Wer's noch würziger mag, kann unter die Füllung oder in die Sauce noch etwas durchgedrückten Knoblauch und hauchfein geschnittene Ringe von 1–2 frischen Chilischoten mischen.

Nudelsalat mit zweierlei Pilzen

Zutaten für 15 Personen:
Für den Salat:
750 g Muschelnudeln
Salz
6 Eßl. Sonnenblumenöl
500 g Champignons
500 g Austernpilze
schwarzer Pfeffer, frisch gemahlen
3–5 Eßl. Zitronensaft
2 rote Paprikaschoten
1 große Zwiebel
3–4 Knoblauchzehen
200 g Rucola, Brunnenkresse oder Löwenzahn
2 Bund Schnittlauch
Für das Dressing:
10 Eßl. Olivenöl
2 Teel. scharfer Senf
Salz
schwarzer Pfeffer, frisch gemahlen
10 Eßl. Weißweinessig

Gelingt leicht

Zubereitungszeit: etwa 50 Minuten

1. Die Muschelnudeln in reichlich Salzwasser bißfest kochen. Anschließend kalt abschrecken, sehr gut abtropfen lassen und mit 2 Eßlöffeln Sonnenblumenöl vermischen.

2. Die Pilze putzen, die Champignons vierteln und die Austernpilze in mundgerechte Stücke teilen. Die Pilze portionsweise in 2 Eßlöffeln Öl bei starker Hitze braun braten und mit Salz, Pfeffer und dem Zitronensaft würzen.

3. Die Paprikaschoten waschen, putzen und in Streifen schneiden. Die Zwiebel und die Knoblauchzehen schälen und fein hacken. Beides mit den Paprikaschoten im restlichen Sonnenblumenöl unter Rühren bei mittlerer Hitze etwa 2 Minuten braten, dann leicht salzen und pfeffern.

4. Rucola, Brunnenkresse oder Löwenzahn verlesen, waschen, abtropfen lassen und in nicht zu kleine Stücke zupfen. Den Schnittlauch waschen und in Röllchen schneiden.

5. Für das Dressing in einem hohen Rührbecher alle Zutaten mit dem Pürierstab des Handrührgerätes cremig aufschlagen.

6. Kurz vor dem Servieren in einer großen Schüssel alle Zutaten und das Dressing miteinander vermengen.

Nudelsalat (links) und Tomatenkuchen (rechts) sind vegetarische Köstlichkeiten – nicht nur für Gesundheitsbewußte.

Tomatenkuchen vom Blech

Zutaten für ein Backblech:
300 g Dinkel-Vollkornmehl (Reformhaus oder Naturkostladen)
150 g Haselnüsse, fein gemahlen
Salz
225 g kalte Butter
3 große Eier
300 g kleine Zwiebeln
3–4 Knoblauchzehen
3 Eßl. Olivenöl, kaltgepreßt
1 kg kleine Tomaten
125 g Mozzarella
100 g Emmentaler
schwarzer Pfeffer, frisch gemahlen
3 Teel. frische Thymianblättchen
250 g Sahne
Außerdem: Mehl zum Ausrollen
Basilikumblätter zum Garnieren

Dekorativ

Zubereitungszeit: etwa 1½ Stunden

Schnell und leicht zu backen: Kirsch-Törtchen.

1. Für den Teig in einer Schüssel das Dinkelmehl, die Nüsse, 1 gestrichenen Teelöffel Salz, die Butter in kleinen Stücken und 1 Ei mit den Knethaken des Handrührgerätes kurz vermischen.

2. Die bröselige Masse mit den Händen zu einer homogenen Masse zusammendrücken, aber nicht kneten. Den Teig zu einem Rechteck formen, in Frischhaltefolie wickeln und etwa 30 Minuten kalt stellen.

3. Inzwischen die Zwiebeln und Knoblauchzehen schälen. Zwiebeln in feine Ringe, Knoblauch in dünne Scheiben schneiden. Beides im Olivenöl bei mittlerer Hitze unter gelegentlichem Rühren goldgelb dünsten. Das Fett mit Küchenpapier abtupfen.

4. Den Backofen auf 210° (Umluft 190°) vorheizen. Die Tomaten gut waschen, abtrocknen und die Stielansätze entfernen. Die Tomaten in Scheiben schneiden. Beide Käsesorten grob raspeln und vermischen. Die Zwiebel-Knoblauch-Mischung mit Salz und Pfeffer würzen, die Thymianblättchen daruntermischen.

5. Den Mürbeteig auf einer leicht bemehlten Arbeitsfläche etwas größer als das Backblech ausrollen. Den Teig auf das Blech legen und ringsherum einen 3 cm hohen Rand formen.

6. Den Teigboden mit einer Gabel mehrmals einstechen, im Backofen etwa 7 Minuten vorbacken, anschließend kurz abkühlen lassen.

7. Die Zwiebel-Knoblauch-Mischung auf dem Teigboden verteilen. Darauf den Käse streuen. Obenauf dachziegelartig die Tomatenscheiben anordnen.

8. Die Sahne mit den restlichen 2 Eiern verquirlen, mit Salz und Pfeffer würzen und über die Tomaten gießen. Den Kuchen in etwa 30 Minuten fertigbacken.

9. Der Tomatenkuchen schmeckt warm und kalt gleich gut. Vor dem Servieren mit kleinen Basilikumblättchen bestreuen.

Kirsch-Törtchen

Zutaten für etwa 20 Stück:
600 g süße Kirschen
125 g Butter
150 g Zucker
1 Päckchen Vanillezucker
abgeriebene Schale von ½ unbehandelten Zitrone
2 Eier
200 g Mehl
50 g Mandeln, fein gemahlen
2 Teel. Backpulver
Puderzucker zum Bestäuben
40 Papierbackförmchen (Ø 50 mm)

Gelingt leicht

Zubereitungszeit: etwa 1 Stunde

1. Die Kirschen waschen, entstielen, trockentupfen und entsteinen. Den Backofen auf 175° vorheizen.

2. In einer Schüssel die Butter, den Zucker und den Vanillezucker mit den Quirlen des Handrührgerätes schaumig schlagen. Die Zitronenschale und die Eier darunterrühren.

3. Das Mehl mit den Mandeln und dem Backpulver vermischen und unter die Eimasse rühren. Die Hälfte der Kirschen unter den Teig heben.

4. Je zwei Papierbackförmchen erst ineinander- und dann auf das Backblech stellen. Jeweils zur Hälfte mit Teig füllen und mit den restlichen Kirschen belegen.

5. Die Kirschtörtchen im Backofen (Mitte; Umluft 155°) etwa 15–20 Minuten backen. Abkühlen lassen und vor dem Servieren mit einem Hauch Puderzucker bestäuben.

Tip!
Anstatt süßen Kirschen können Sie auch Sauerkirschen, Heidelbeeren oder Stachelbeeren verwenden.

Sparkling Kiwi

Zutaten für 1 Drink:
1 kleine Kiwi
1 cl Zitronensaft, frisch gepreßt
½ cl Zuckersirup
8 cl Ananassaft
½ cl Curaçao Blue Sirup
(ohne Alkohol)
5–6 Eiswürfel für den Shaker
3–4 Eiswürfel für das Glas
gekühltes Mineralwasser zum
Auffüllen
Zum Garnieren:
1 Kiwischeibe
Außerdem:
Mixer
Shaker
1 Cocktailglas
Trinkhalm

1. Die Kiwi schälen und vom Strunk befreien. Dann in grobe Würfel schneiden und im Mixer fein zermusen.

2. Den Zitronensaft, den Zuckersirup, den Ananassaft, den Curaçao Blue und das Kiwimus mit den Eiswürfeln in den Shaker geben und 8–10 Sekunden kräftig schütteln.

3. Die Eiswürfel in das Cocktailglas geben, den Drink darüber abseihen, mit etwas Mineralwasser auffüllen und kurz umrühren. Mit der Kiwischeibe garnieren und mit Trinkhalm servieren.

Sparkling Kiwi (links) und Fitness Time (rechts) sind köstliche Drinks ohne Alkohol.

Fitness Time

Zutaten für 1 Drink:
einige Zweige frischer Dill
5 Barlöffel Naturjoghurt
1 Tropfen Tabascosauce
1 Prise Meersalz
2 Eiswürfel
gekühltes Mineralwasser zum
Auffüllen
Zum Garnieren:
1–2 Zweige Dill zum Garnieren
Außerdem:
Mixer
1 gefrostetes Cocktailglas (Seite 18)

Einer ganz ohne, einer mit wenig Alkohol: Sportsman (links) und Swimming Pool (rechts).

1. Den Dill waschen und die Spitzen abzupfen. Mit dem Joghurt, Tabasco, Salz und den Eiswürfeln in den Mixer geben und kräftig durchmixen.

2. Den Dilljoghurt in das gefrostete Glas gießen. Mit Mineralwasser auffüllen, kurz umrühren und mit den Dillzweigen garniert servieren.

Sportsman

Zutaten für 1 Drink:
1 cl Zitronensaft, frisch gepreßt
8 cl Grapefruitsaft
8 cl Ananassaft
1 cl Mandelsirup
5–6 Eiswürfel für den Shaker
4–5 Eßl. zerstoßenes Eis für das Glas
Zum Garnieren:
1 Schnitz rosa Grapefruit
Außerdem:
Shaker
Barsieb
1 Cocktailglas
Trinkhalm

1. Den Zitronen-, den Grapefruit- und den Ananassaft mit dem Mandelsirup und den Eiswürfeln in den Shaker geben und 8–10 Sekunden kräftig schütteln.

2. Das zerstoßene Eis in das Cocktailglas füllen. Den Drink durch das Barsieb darüber abseihen. Mit dem Grapefruitschnitz garnieren und mit Trinkhalm servieren.

Swimming Pool

Ein Drink mit so wenig Alkohol, daß er wirklich nur anregend wirkt.

Zutaten für 1 Drink:
12 cl Ananassaft
3 cl Kokosnußsirup
2 cl Sahne
5 cl Wodka
1 cl Curaçao Blue
5–6 Eiswürfel für den Shaker
4–5 Eßl. zerstoßenes Eis für das Glas
Zum Garnieren:
1/8 Scheibe Ananas
Außerdem:
Shaker
1 Cocktailglas
Barsieb
Trinkhalm

1. Den Ananassaft, den Kokosnußsirup, die Sahne und den Wodka mit den Eiswürfeln in den Shaker geben und 8–10 Sekunden kräftig schütteln.

2. Das zerstoßene Eis in das Cocktailglas füllen. Den Drink durch das Barsieb darüber abseihen. Den Curaçao Blue langsam über den Drink gießen.

3. Den Drink mit dem Ananasstück garnieren und mit Trinkhalm servieren.

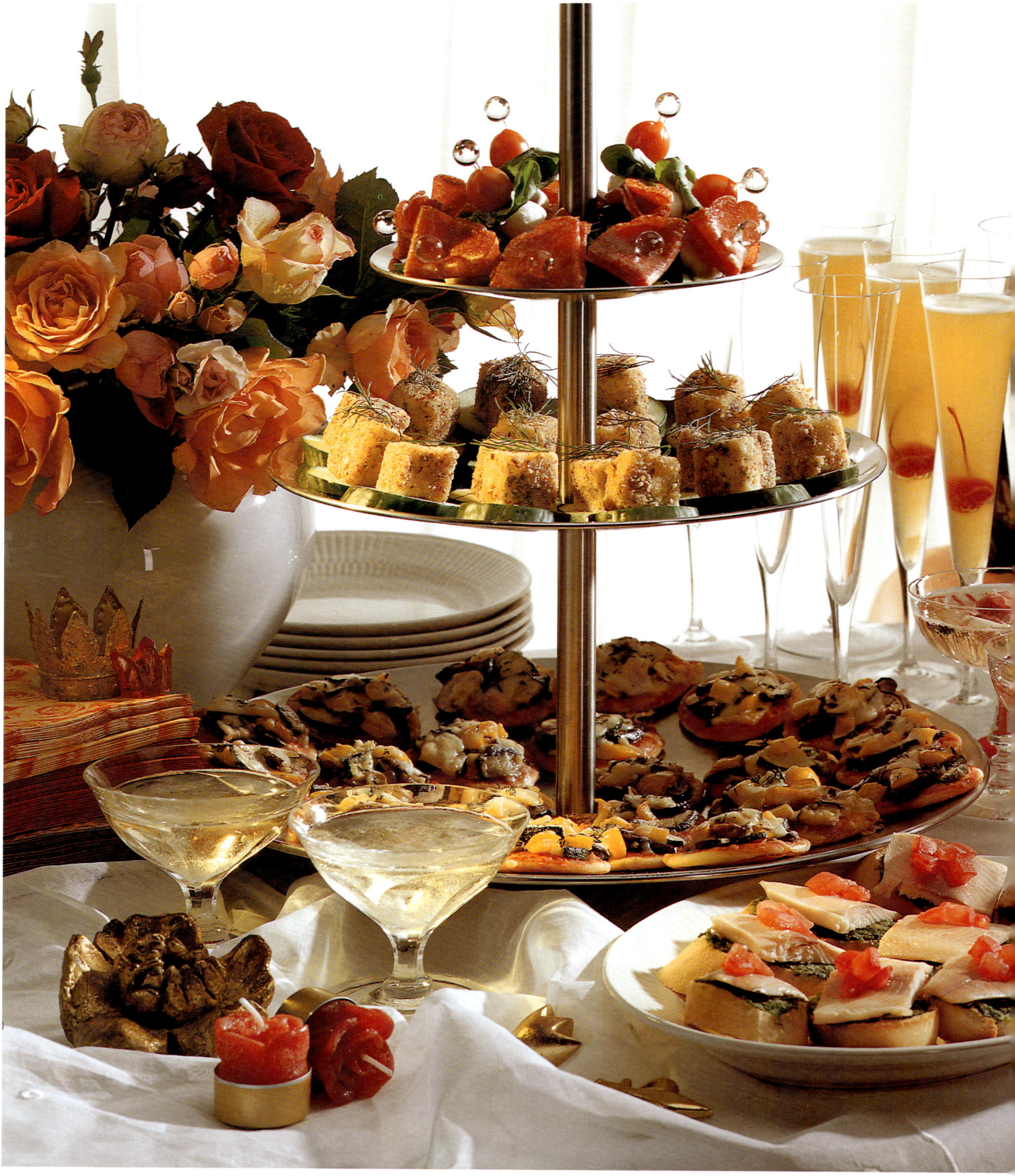

In Sektlaune

Stehparty für 10 Personen

Ein wunderbares Prickeln liegt in der Luft, Sie fühlen sich beschwingt und Ihnen ist nach Feiern zumute – ist der Grund die bestandene Prüfung, der neue Auftrag im Job, der Mietvertrag zur Traumwohnung oder sind Sie einfach nur so richtig gut aufgelegt und in spendabler Laune? Wie auch immer, lassen Sie sich von nichts und niemanden bremsen, denn in einer so besonderen Stimmung ist man ja schließlich nicht alle Tage.

Wenn Sie Ihr Fest besonders nobel und edel gestalten wollen – servieren Sie Champagner statt Sekt. Damit bei der Stehparty immer eine Hand für das spritzig-perlende Getränk freibleibt, gibt es zierliche Genüsse, die ganz unkompliziert sofort von der Hand in den Mund wandern. Party-Erprobte nennen die liebevoll arrangierten Leckerbissen Fingerfood. Bestecke und Teller sind hier überflüssig, aber Servietten sollten Sie reichlich bereithalten.

Zugegeben, die Zubereitung der Häppchen macht schon ein bißchen Arbeit, aber alle lassen sich komplett vorbereiten, so daß Sie später ungestört und nach Herzenslust Ihre Feier genießen können. Diese Stehparty hat außerdem den großen Vorteil, daß einem der ganz große Abwasch am nächsten Tag erspart bleibt und man selbst in eine kleine Wohnung viele Gäste einladen und stilvoll bewirten kann.

In Sektlaune

Das gibt es
- Polenta-Rauten
- Forellen-Crostini
- Carpaccio-Brote
- Matjestatar auf Kartoffelscheiben
- Pizza-Happen
- Party-Spießchen
- Gebackene Käsewürfel
- Früchte in Champagner-Gelee

Cocktails & Co.
- Blue Champagne
- Tropical Champagne
- Vivaldi
- Rosenbowle

Für die Gäste, die nicht die ganze Zeit Cocktails trinken möchten, sollte gut gekühlter Sekt oder Champagner bereitstehen.
Eine besondere Spezialität bieten Sie Ihren Gästen mit Schilcher-Sekt aus der Weststeiermark. Ebenso können Sie Rosé-Sekt oder als alkoholärmere Alternative einen »Light-Sekt« bereithalten.

So wird's schneller!
- Für die Polenta-Rauten einen Instant-Maisgrieß nehmen, dann entfällt das lange Rühren.
- Für die Forellen-Crostini das Kräuterpüree nicht selbst zubereiten, sondern Pesto (aus dem Glas) verwenden.
- Statt der Wachteleier für die Carpaccio-Brote 4–5 Hühnereier hart kochen, pellen, in Scheiben schneiden und die Brote damit garnieren.
- Anstatt Matjestatar nur jeweils ein Stück Matjes auf eine gekochte, aber ungebratene Kartoffelscheibe legen. Mit Crème fraîche und Dill garnieren.
- Für den Teig der Pizza-Happen einen bereits ausgerollten Hefeteig (gibt's im Kühlregal) verwenden, mit Füllung bestreichen und nach dem Backen in kleine Häppchen schneiden.
- Anstelle der gebackenen Käsewürfel Mini-Windbeutel fertig kaufen und mit Kräuterquark (aus der Kühltheke) füllen.

Zeitplan

Am Vortag:	• Dekoration besorgen. • Polentateig für Polenta-Rauten zubereiten und backen. • Kartoffeln fürs Matjes-Tatar kochen. • Hefeteig und Belag für Pizza-Happen vorbereiten (über Nacht in den Kühlschrank stellen). • Käse für gebackene Käsewürfel in Würfel schneiden. • Buffet und Bar aufbauen.
Am Party-Tag:	• Tische decken und dekorieren. • Früchte in Champagner-Gelee zubereiten. • Polenta-Rauten fertigstellen. • Forellen-Crostini zubereiten. • Party-Spießchen herstellen. • Carpaccio-Brote zubereiten. • Matjestatar auf Kartoffelscheiben zubereiten. • Gebackene Käsewürfel fertigstellen.
1–2 Stunden vor Eintreffen der Gäste:	• Pizzahappen fertigstellen bis zum Backen. • Essen aufs Buffet stellen.
Während der Party:	• Pizza-Happen backen.

Deko-Ideen

Erlaubt ist, was gefällt und Eindruck macht. Schöpfen Sie passend zu Ihrer Stimmung auch bei der Dekoration aus dem vollen – wie schon Hildegard Knef sang: »Für mich soll's rote Rosen regnen«. Also, wie wär's mit dem erfolgversprechenden Team Sekt & Rosen? Ob Sie's nun romantisch angehaucht mögen oder eher cool den rosigen Zeiten entgegensehen, diese Kombination hat nichts von ihrer Wirkung verloren, im Gegenteil, die Faszination wird gerade wieder neu er- und belebt. Verteilen Sie in der Wohnung üppige Rosensträuße in einfachen, schönen Vasen. Ganz bezaubernd sehen schon leicht aufgeblühte Freilandrosen in gemischten Rottönen aus, von zartrosa über purpurrot bis dunkelviolett, wobei vereinzelte Gelbtöne die Farbharmonie noch unterstreichen. Das Thema sollte auch die Servietten umfassen; es gibt kleine und große Papierservietten mit den unterschiedlichsten Rosenmustern. Mit etwas Glück finden Sie vielleicht sogar Kerzen oder rot gefärbte Teelichter in Rosenform.

Da die Häppchen schlicht auf Platten arrangiert am besten wirken und gut ohne weitere Dekoration auskommen, können Sie zwischen die Platten nur vereinzelt ein paar frische Rosenblätter streuen. Statt Platten ist natürlich auch eine Etagère sehr effektvoll. Als Gag passen auch kandierte Rosenblätter (aus dem Fruchthaus), die man später sogar als Dessert (vielleicht mit einem Espresso) vernaschen kann. Mehr Dekoration ist nicht nötig, ganz im Gegenteil, sonst könnte das Ganze leicht zu überladen wirken.

Tips!
- Für Ihre Party brauchen Sie nicht alle Rezepte zubereiten. Als Faustregel für die Mengen gilt: Für ein kürzeres Fest oder einen Empfang rechnet man etwa 6 Häppchen pro Person. Für eine längere Nacht mit einem Essen, das auch sättigen soll, müssen Sie schon 10 bis 12 Stück pro Gast einkalkulieren.

- Alle Häppchen lassen sich gut ein paar Stunden vorher zubereiten. Damit sie bis zum Eintreffen der Gäste frisch und appetitlich bleiben, am besten auf Platten legen, mit feuchten Küchentüchern abdecken und kühl stellen. Entweder im Kühlschrank, in einem kühlen Raum oder im Herbst und Winter auf dem Balkon. Das gilt natürlich nicht für die Pizza-Happen und die gebackenen Käsewürfel, die warm am besten schmecken.
- Von jeder Sorte am besten zuerst die Hälfte servieren und den Rest abgedeckt im Kühlen aufbewahren. So haben Sie für leere Platten appetitlichen und frischen Nachschub.
- Immer mehrere Sorten von den Häppchen auf einer Servierplatte anrichten. Dekorieren brauchen Sie die Platten nicht zusätzlich, die feinen Genüsse wirken für sich.
- Stellen Sie rechtzeitig fest, ob Sie genügend große Platten für die Häppchen haben. Falls nicht, müßten Sie sich noch welche ausleihen.
- Damit die feinen Genüsse länger frisch bleiben, die gefüllten Platten auf Kühlakkos stellen. Die Akkus wegen der Optik in Alufolie wickeln.

Für eine festliche Stehparty können Sie sich bei der Dekoration ganz auf die Wirkung von Rosen verlassen!

- Zusätzlich zu den Häppchen können Sie Ihren Gästen Salz- und Käsegebäck, Nüsse und Mandeln, entsteinte Oliven und kleine Käsewürfel anbieten.

Polenta-Rauten

Zutaten für etwa 30 Stück:
200 g durchwachsener Räucherspeck
3 Teel. Öl
Salz
schwarzer Pfeffer, frisch gemahlen
250 g Maisgrieß (Polentagrieß)
50 g Pecorino oder Parmesan
½ rote Paprikaschote
1 Bund Frühlingszwiebeln
8–10 Salbeiblätter
1 Eßl. Butter
etwa 30 kleine schwarze entsteinte Oliven
etwa 30 Zahnstocher

Braucht etwas Zeit

Zubereitungszeit: etwa 1¼ Stunden

1. Den Speck ohne Schwarte in Würfelchen schneiden. In einer Pfanne mit 1 Teelöffel Öl knusprig braten.

2. In einem breiten, hohen Topf 1 l Wasser mit etwas Salz und Pfeffer aufkochen. Den Maisgrieß unter Rühren einrieseln lassen. Bei schwacher Hitze unter ständigem Rühren etwa 20 Minuten garen, bis sich die Polenta vom Topfboden löst.

3. Den Backofen auf 200° vorheizen. Den Käse grob reiben. Die Paprikahälfte putzen, waschen und klein würfeln. Die Frühlingszwiebeln putzen, waschen und bis auf 2 Stück in feine Scheibchen schneiden. Die Salbeiblätter in feine Streifen schneiden. Speck, Käse, Paprika, Frühlingszwiebeln und Salbei unter die Polenta rühren. Mit Salz und Pfeffer abschmecken.

4. Ein tiefes Backblech mit dem restlichen Öl einfetten. Die Polentamasse etwa 1½ cm hoch einfüllen und glattstreichen. Die Butter in Flöckchen darüber verteilen.

5. Die Polenta im Ofen (Mitte; Umluft 180°) in etwa 15 Minuten goldgelb backen. Herausnehmen und anschließend etwas abkühlen lassen.

6. Die Polenta in kleine Rauten von 4–5 cm Kantenlänge schneiden. Auf jede Raute 1 Olive legen und mit einem Hölzchen (Zahnstocher) feststecken. Die übrigen Frühlingszwiebeln fein schneiden und auf die Rauten streuen. Kalt servieren.

Tip!
Den Maisgrieß gibt es auch als Instant-Produkt. Dann entfällt bei der Polenta-Zubereitung das langwierige Rühren.

Forellen-Crostini

Zutaten für etwa 20 Stück:
1 Bund Frühlingszwiebeln
3 Eßl. Olivenöl
2 Bund glatte Petersilie
2 Eßl. Kapern
Salz
schwarzer Pfeffer, frisch gemahlen
1 große reife Fleischtomate
400–500 g geräucherte Forellenfilets
1 Baguette

Gelingt leicht

Zubereitungszeit: etwa 25 Minuten

1. Die Frühlingszwiebeln putzen, waschen und in hauchfeine Ringe schneiden. In einem Pfännchen 1 Eßlöffel Olivenöl erhitzen und die Frühlingszwiebeln darin leicht andünsten.

2. Die Petersilie waschen und grob hacken. Petersilie, Frühlingszwiebeln, Kapern und das restliche Öl im Mixer fein pürieren. Das Kräuterpüree mit Salz und Pfeffer würzen.

3. Die Tomate kurz in kochendes Wasser tauchen, den Stengelansatz herausschneiden. Tomate häuten, halbieren und entkernen. Das Tomatenfleisch in kleine Würfelchen schneiden.

4. Die Forellenfilets schräg in etwa 20 gleich große Stücke schneiden. Das Baguette in 20 fingerdicke Scheiben schneiden und toasten oder im Backofen bei 220° (Umluft 200°) etwa 4 Minuten anrösten.

5. Die Brotscheiben mit dem Kräuterpüree bestreichen. Obenauf je 1 Stück Forellenfilet legen und mit Tomatenwürfeln garnieren.

Tip!
Statt der Forellen können Sie auch einen anderen Räucherfisch nehmen, der sich gut schneiden läßt, zum Beispiel Makrele oder Schillerlocke.

Carpaccio-Brote

Zutaten für etwa 20 Stück:
6–8 Basilikumblätter
3 Eßl. weiche Butter
1 Eßl. Parmesan, frisch gerieben
20 Wachteleier
1 rundes Kaviarbrot oder 1 Baguette
200 g rohes Rinderfilet
(vom Metzger in hauchdünne Scheiben schneiden lassen)
Petersilienblättchen zum Garnieren

Exklusiv

Zubereitungszeit: etwa 40 Minuten

1. Die Basilikumblätter kurz abspülen und in feine Streifchen schneiden. Die Butter mit dem Parmesan glattrühren, das Basilikum daruntermischen.

2. Die Wachteleier etwa 6 Minuten kochen, anschließend kalt abschrecken und abkühlen lassen.

3. Das Kaviarbrot oder das Baguette in 20 Scheiben schneiden. Die Scheiben mit der Buttermischung bestreichen und üppig mit dem Rinderfilet belegen.

4. Die Wachteleier pellen und längs halbieren. Jedes Brot mit einer Eihälfte und etwas Petersilie garnieren.

Tip!
Kaviarbrot ist ein feinporiges Weizenbrot, das in Stangen von etwa 5 cm Durchmesser gebacken wird. Früher wurde es zum Kaviar serviert, daher hat es seinen Namen. Sie sollten es rechtzeitig beim Bäcker vorbestellen. Statt Kaviarbrot können Sie auch Baguette nehmen und statt Carpaccio Parmaschinken oder Roastbeef in dünnen Scheiben verwenden.

Matjestatar auf Kartoffelscheiben

Zutaten für etwa 20 Stück:
6–7 gleichmäßig runde festkochende Kartoffeln
8 Matjesfilets
1 Bund Radieschen
1 Bund Schnittlauch
2 Eßl. Zitronensaft
Salz
weißer Pfeffer, frisch gemahlen
3 Eßl. Butter
2 Eßl. Crème fraîche
6 schöne Dillzweige

Raffiniert

Zubereitungszeit: etwa 1 Stunde

1. Die Kartoffeln waschen und in einem weiten Topf mit der Schale in wenig Wasser zugedeckt bei mittlerer Hitze nicht zu weich kochen.

2. Inzwischen für das Tatar die Matjesfilets kurz waschen, trockentupfen und noch vorhandene Gräten mit einer Pinzette herausziehen. Die Filets mit einem scharfen Messer zuerst in dünne Scheiben, dann in kleine Würfelchen schneiden.

3. Die Radieschen waschen, abtrocknen und ebenfalls in kleine Würfelchen schneiden. Den Schnittlauch waschen und in feine Röllchen schneiden.

4. In einer Schüssel den Fisch, die Radieschen, den Schnittlauch und den Zitronensaft vermischen. Das Tatar mit wenig Salz und Pfeffer würzen. Zugedeckt im Kühlschrank etwa 30 Minuten durchziehen lassen.

5. In der Zwischenzeit die Kartoffeln abgießen und pellen, dann in etwa 1½ cm dicke Scheiben schneiden. Die Butter in einer Pfanne zerlassen und die Kartoffelscheiben darin auf beiden Seiten bei mittlerer Hitze goldgelb braten. Anschließend auf Küchenpapier abtropfen lassen.

6. Das Matjestatar nochmals durchmengen und eventuell nachwürzen, auf die Kartoffelscheiben verteilen. Jeweils 1 kleinen Klecks Crème fraîche darauf setzen und mit Dillspitzen verzieren. Bis zum Servieren kalt stellen.

Pizza-Happen

Zutaten für etwa 40 Stück:
Für den Hefeteig:
20 g frische Hefe
oder 1 Tütchen Trockenhefe
400 g Mehl
1 gestr. Teel. Salz
3 Eßl. Olivenöl, kaltgepreßt
Für den Belag:
1 Aubergine (etwa 300 g)
Salz
2 kleine Zucchini
1 gelbe Paprikaschote
150 g kleine Champignons
1 Zwiebel
2 Knoblauchzehen
5 Eßl. Olivenöl
1 Eßl. getrockneter Thymian
schwarzer Pfeffer, frisch gemahlen
200 g passierte Tomaten
(aus der Packung)
200 g Greyerzer, frisch gerieben
Außerdem: Mehl zum Ausrollen und
für die Backbleche

Preiswert

Zubereitungszeit:
etwa 1 Stunde 20 Minuten

1. Für den Teig die Hefe mit 150 ml lauwarmem Wasser verrühren. Das Mehl mit dem Salz und dem Öl in eine Schüssel geben und mit den Rührbesen des Handrührgerätes vermischen, bis die Masse krümelig ist.

2. Die in Wasser gelöste Hefe in die Schüssel gießen und unterrühren. Den Teig mit den Händen durchkneten, bis er nicht mehr klebt und elastisch ist.

3. Für den Belag die Aubergine putzen, waschen, der Länge nach vierteln und in dünne Scheiben schneiden. Die Scheiben salzen und in einer Schüssel etwa 15 Minuten ziehen lassen.

4. Inzwischen die Zucchini putzen, waschen, längs halbieren und in dünne Scheiben schneiden. Die Paprikaschote putzen, waschen, achteln und in kleine Würfelchen schneiden. Die Pilze putzen und in dünne Scheiben schneiden. Die Zwiebel und die Knoblauchzehen schälen, die Zwiebel fein würfeln.

5. Die Auberginen abtupfen, dann in einer Pfanne in 3 Eßlöffeln Öl anbraten, aus der Pfanne nehmen. Das restliche Öl in der Pfanne erhitzen. Die Zwiebeln darin glasig werden lassen.

6. Zucchini, Paprikaschote und Pilze hinzufügen und etwa 2 Minuten andünsten. Die Auberginen zur Gemüsemischung geben und alles mit dem Thymian, dem durchgepreßten Knoblauch, Salz und Pfeffer würzen.

7. Den Backofen auf 225° vorheizen. Das Backblech mit Mehl bestreuen.

8. Den Hefeteig auf einer leicht bemehlten Arbeitsfläche dünn ausrollen. Mit Hilfe eines Glases oder einer Tasse Kreise von 5–6 cm Durchmesser ausstechen und nebeneinander auf zwei Backbleche legen.

9. Auf die Teigstücke zunächst die passierten Tomaten streichen. Darauf die Gemüsemischung verteilen. Zum Schluß mit dem Käse bestreuen.

10. Ein Blech Pizza-Happen im heißen Backofen (unten; Umluft 205°) etwa 20 Minuten backen. Anschließend die restlichen Pizza-Happen ebenso backen. Möglichst heiß servieren.

Tip!
Dieser Hefeteig muß nicht gehen und kann sofort belegt werden. Man kann den Teig auch schon am Vortag zubereiten und zugedeckt im Kühlschrank aufbewahren. Dann sollten Sie ihn vor dem Ausrollen noch einmal kurz durchkneten.

Party-Spießchen

Zutaten für etwa 30 Stück:
Für die Spieße:
2–3 Bund Rucola, je nach Größe
30 Mini-Mozzarellakugeln
(etwa 250 g)
30 Cocktailtomaten (etwa 250 g)
30 kleine schwarze entsteinte Oliven
(etwa 100 g)
30 hauchdünne Scheiben Salami
Für die Marinade:
5 Eßl. Olivenöl, kaltgepreßt
Salz
schwarzer Pfeffer, frisch gemahlen
1–2 Eßl. Aceto balsamico (Balsamessig)
Außerdem: etwa 30 Holzspießchen
oder andere Spieße

Schnell

Zubereitungszeit: etwa 30 Minuten

1. Den Rucola abbrausen und grobe Stiele abknipsen. Die Mozzarellakugeln abtropfen lassen. Die Tomaten waschen und abtrocknen.

2. Auf einen Holzspieß je 1 Käsekugel, 1 Tomate, 1 Olive, 1 zu einem Viertel zusammengelegte Salamischeibe und 1–2 gefaltete Rucolablätter stecken.

3. Für die Marinade das Olivenöl mit etwas Salz, Pfeffer und dem Essig gründlich zu einer cremigen Marinade verrühren. Abschmecken.

4. Die Spießchen entweder kurz vor dem Servieren mit der Marinade dünn bepinseln oder die Marinade in ein Schälchen füllen und zu den Party-Spießchen aufs Bufett stellen, so daß sich jeder selbst bedienen kann.

Party-Spießchen (oben) und gebackene Käsewürfel (unten).

Gebackene Käsewürfel

Zutaten für etwa 24 Stück:
800 g milder Schafkäse
2 Eier
2 Teel. getrockneter Oregano
schwarzer Pfeffer, frisch gemahlen
100 g gemahlene Haselnüsse
80 g Semmelbrösel
reichlich Pflanzenöl zum Ausbacken
½ Bund Dill
1 große Salatgurke

Schmeckt auch kalt

Zubereitungszeit: etwa 25 Minuten

1. Den Käse in 24 Würfel von etwa 2 cm Kantenlänge schneiden. In einem tiefen Teller die Eier verquirlen und mit dem Oregano und Pfeffer würzen. In einem zweiten Teller die Haselnüsse mit den Semmelbröseln vermischen.

2. Die Käsewürfel zuerst im verquirlten Ei wenden, dann rundherum in der Nußmischung wälzen.

3. Das Öl in einem Topf erhitzen und die Käsewürfel portionsweise im Fett schwimmend goldbraun ausbacken. Aus dem Fett heben und auf Küchenpapier abtropfen lassen.

4. Den Dill waschen, 24 schöne Dillspitzen abzupfen. Die Gurke waschen, abtrocknen und mit der Schale in etwa 1 cm breite Scheiben schneiden.

5. Zum Servieren je 1 Käsewürfel auf eine Gurkenscheibe setzen und mit 1 Dillspitze garnieren.

Früchte in Champagner-Gelee

Zutaten für 10 Personen:
1 kg gemischte Früchte und Beeren je nach Saison (außer Ananas und Kiwi)
15 Blatt weiße Gelatine
50 g Zucker
4–6 Eßl. Kirschwasser
1½ Flaschen Champagner
oder trockener Sekt (1050 ml)
1 Stück frischer Ingwer
(etwa 2 cm lang)
350 g Sahnejoghurt
2 Päckchen Vanillezucker
einige Minzeblättchen

Dekorativ

Zubereitungszeit: etwa 30 Minuten
(dazu mindestens 3 Stunden Kühlzeit)

1. Das Obst putzen, ein paar schöne Früchte zum Dekorieren beiseite legen. Den Rest in dekorative Stücke schneiden, große Beeren halbieren. Die Gelatine etwa 5 Minuten in kaltem Wasser einweichen.

2. Den Zucker, das Kirschwasser und etwas Champagner in einem kleinen Topf erwärmen, aber nicht kochen lassen. Die ausgedrückte Gelatine darin unter Rühren auflösen.

3. Die Früchte in zwei Glasschüsseln oder mehrere kleine Portionsschälchen verteilen. Den restlichen Champagner mit der aufgelösten Gelatine gut vermischen und gleichmäßig über die Früchte gießen.

4. Das Gelee mit Folie abdecken und zum Festwerden mindestens 3 Stunden, oder über Nacht, in den Kühlschrank stellen.

5. Kurz vor dem Servieren den Ingwer schälen und fein reiben. Den Joghurt mit dem Ingwer und dem Vanillezucker zu einer Sauce verrühren.

6. Das Gelee mit den restlichen Früchten und den Minzeblättchen garnieren. Den Joghurt dazu reichen.

Blue Champagne

Zutaten für 1 Drink:
½ cl Zitronensaft, frisch gepreßt
2 cl Curaçao Blue
2 cl Wodka
2 cl Roses Lime Juice
5–6 Eiswürfel
gekühlter Champagner zum Auffüllen
Zum Garnieren:
1 Maraschinokirsche mit Stiel
Außerdem:
Shaker
Barsieb
1 gefrostetes Cocktailglas (Seite 18)

1. Den Zitronensaft mit dem Curaçao Blue, dem Wodka und dem Lime Juice mit den Eiswürfeln in den Shaker geben und 8–10 Sekunden kräftig schütteln.

2. Den Drink durch das Barsieb in das gefrostete Glas abseihen. Mit gekühltem Champagner auffüllen und mit der Kirsche garniert servieren.

Tropical Champagne

Zutaten für 1 Drink:
½ cl Zitronensaft, frisch gepreßt
½ cl Maracujasirup
2 cl Orangensaft
2 cl brauner Rum
5–6 Eiswürfel
gekühlter Champagner zum Auffüllen
Zum Garnieren:
1 Maraschinokirsche ohne Stiel
Außerdem:
Shaker
1 gefrostetes Cocktailglas (Seite 18)
Barsieb

1. Den Zitronensaft mit dem Maracujasirup, dem Orangensaft und dem Rum mit den Eiswürfeln in den Shaker geben und 8–10 Sekunden kräftig schütteln.

Blue Champagne (links) und Tropical Champagne (rechts).

Fruchtiger Vivaldi (links) und Rosenbowle (rechts).

2. Die Mischung durch das Barsieb in das gefrostete Glas abseihen und mit gekühltem Champagner auffüllen. Mit der Maraschinokirsche garniert servieren.

Variante
Lechthalers Tropical
1½ cl frisch gepreßten Zitronensaft mit 3 cl Maracujasaft, 1½ cl Maracujasirup und 3 cl weißem Rum im Shaker 8–10 Sekunden schütteln. In ein gefrostetes Glas abseihen und mit gekühltem Champagner auffüllen. Mit Maraschinokirsche garniert servieren.

Vivaldi

Zutaten für 1 Drink:
½ reife Williamsbirne
1–2 Eßl. zerstoßenes Eis
1 cl Rohrzuckersirup
1 cl Williamsbirnenbrand
gekühlter Champagner zum Auffüllen
Außerdem:
Mixer
1 gefrostetes Cocktailglas (Seite 18)

1. Die Birnenhälfte schälen, vom Kerngehäuse befreien und in Stücke schneiden.

2. Die Birnenstücke mit dem zerstoßenen Eis, dem Rohrzuckersirup, dem Birnenbrand und wenig Champagner im Mixer fein durchmixen.

3. Die Birnenmischung in das gekühlte Glas gießen und mit Champagner auffüllen.

Rosenbowle

Zutaten für etwa 3 l Bowle:
5 duftende Rosen
5 cl Rosensirup
eventuell 3 cl chinesischer Rosenschnaps
1–2 Schalenstücke von 1 unbehandelten Orange
3 Flaschen trockener Weißwein
(je 0,7 l Inhalt)
1 Flasche Champagner
oder guter Prosecco
Außerdem:
1 Bowlengefäß aus Glas
eventuell 1 Rosenblüte zum Garnieren

1. Von den Rosenblüten die Blätter vorsichtig abzupfen und in das Bowlengefäß geben. Den Rosensirup und nach Wunsch den Rosenschnaps mit der Orangenschale hinzufügen und alles mit dem Weißwein aufgießen.

2. Den Wein zugedeckt an einem kühlen Ort 1–2 Stunden ziehen lassen.

3. Dann die Rosenblätter und die Orangenschale mit einem Schaumlöffel herausheben.

4. Erst kurz vor dem Servieren den Champagner langsam dazugießen. Vorsichtig einmal umrühren. Eventuell mit der Rosenblüte garnieren.

Tips!
Besonders hübsch wirken Rosen-Eiswürfel in der Bowle. Dazu kleine Rosenblüten waschen und im Eiswürfelbereiter in Wasser frosten. Damit die Bowle schön kühl bleibt, sollten Sie das Gefäß in eine Schüssel mit gestoßenem Eis stellen. Das hält nicht nur frisch, sondern sieht auch hübsch aus.

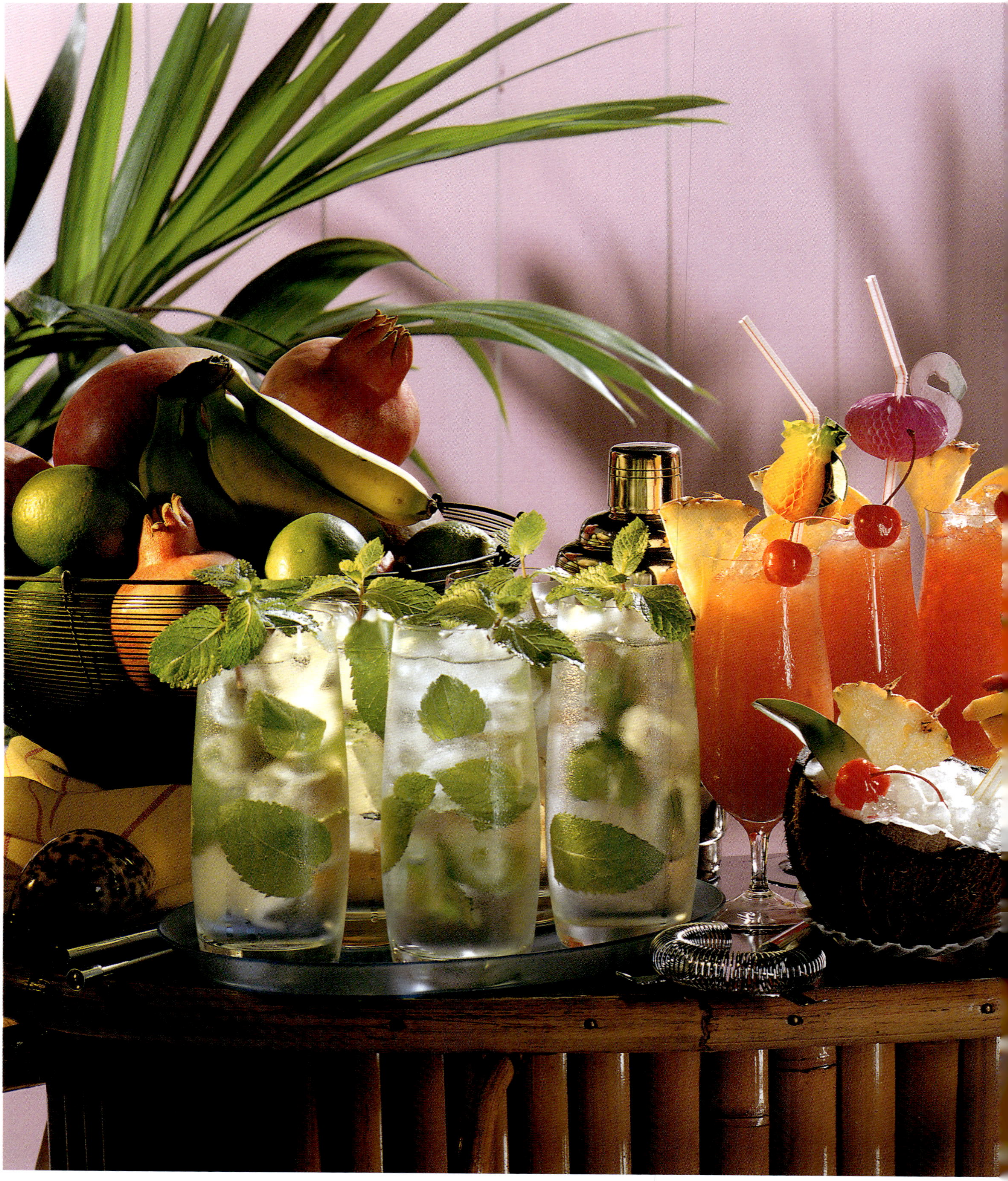

Unter Palmen

Karibische Nacht für 20 Personen

Endlose weiße Sandstrände, Kokospalmen, die sich im sanften Wind dem türkisschillernden Meer zuneigen, in der Luft die Rhythmen von Reggae und Calypso, Früchte mit betörendem Duft – das ist Karibik.

Sind Sie reif für die Insel, haben aber weit und breit keine Aussicht auf einen Trip? Dann holen Sie sich die Inselträume nach Hause und laden Ihre Freunde zur farbenfrohen Party ein. Zu einem rauschenden Fest wie im Urlaub unter Palmen, mit exotischem Buffet und fruchtigen Rum-Drinks.

Die karibische Küche ist ein großer Schmelztiegel, denn es vermischen sich hier Einflüsse der afrikanischen, indischen, chinesischen und der europäischen Kochkultur. Trotzdem findet man auf den vielen Inseln keine Einheitsküche, jede hat ihre eigenen Spezialitäten. Wer karibisch kochen will, braucht auf jeden Fall frische Früchte wie Kokosnüsse, Limetten, Papayas, Ananas, Mangos und ein paar exotische Gewürze wie frischen Ingwer, Zimt und Curry, denn erst sie machen das unverwechselbare Geschmackserlebnis aus. Verführerisch auch die Drinks: Rum-Cocktails mit viel Frucht und schön dekoriert mit Spießchen, Stickern, witzigen Trinkhalmen oder Blüten – ganz so wie in Hemingways Lieblingsbar. Wenn das keine paradiesische Nacht wird!

Unter Palmen

Das gibt es
- Kürbis-Ingwer-Suppe
- Papaya-Snacks
- Exotischer Fischsalat
- Scharfe Bohnen
- Jambalaya
- Fleischspießchen mit Erdnußsauce
- Curaçao-Joghurt-Eis
- Bananen-Kokos-Kuchen

Cocktails & Co.
- Mojito
- Coconut Kiss (alkoholfrei)
- Planter's Punch
- Pina Colada
- Daiquiri Natural

Der Wein muß zum kräftig gewürzten Essen viel Körper mitbringen, wie etwa ein fränkischer Müller-Thurgau oder auch ein kalifornischer Chardonnay. Für die, die keinen Alkohol trinken mögen, paßt Eis-Tee gut zum Essen.

So wird's schneller!
- Für den exotischen Fischsalat Ananasstücke aus der Dose verwenden.
- Für die scharfen Bohnen statt frischer grüner Bohnen tiefgekühlte nehmen.
- Die Fleischspießchen nicht marinieren oder gleich fertige, unmarinierte Fleischspieße beim Metzger kaufen.
- Statt selbstgemachtes Curaçao-Joghurt-Eis exotische Sorten aus dem großen Angebot im Handel servieren.

Deko-Ideen
Bekennen Sie Farbe auf dieser Party. Mit herrlich buntem Geschirr und farbenfrohen Stoffen. Hier können Sie ungezwungen alles mischen, was an Sonnenfarben erinnert.
Wenn Sie aber schlichtes weißes Geschirr benutzen wollen – auch gut, denn die Farbe Weiß gehört ebenso zur Karibik wie weiße Strände und das Kokosnußfleisch. Spielen Sie mit Kontrasten durch kunterbunte Tischtücher aus leichtem Baumwollstoff. Besonders typisch sind die mit den großen Karomustern. Auf die Tischtücher können Sie zusätzlich einige Bananenblätter legen, die es in Asienläden gibt.

Zeitplan

2 Tage vorher:
- Dekoration besorgen bzw. basteln.
- Musik zusammenstellen.
- Bananen-Kokos-Kuchen bis einschließlich Punkt 5 zubereiten.

Am Vortag:
- Buffet und Bar aufbauen.
- Kürbis-Ingwer-Suppe bis einschließlich Punkt 3 vorbereiten, über Nacht kalt stellen.
- Jambalaya bis einschließlich Punkt 6 vorbereiten.
- Fleischspießchen marinieren, Erdnußsauce zubereiten.

Am Party-Tag:
- Curaçao-Joghurt-Eis zubereiten.
- Tische decken und alles dekorieren.
- Bananen-Kokos-Kuchen fertigstellen.
- Scharfe Bohnen zubereiten.
- Exotischen Fischsalat herstellen.
- Papaya-Snacks zubereiten.

1 Stunde vor Eintreffen der Gäste:
- Kürbis-Ingwer-Suppe erhitzen und fertigstellen.
- Jambalaya sanft erhitzen und fertigstellen.
- Essen aufs Buffet stellen.

Wenn die Gäste kommen:
- Fleischspießchen fertigstellen.

Das Besteck, also Suppenlöffel, Messer, Gabeln und Dessertlöffel, läßt sich für jeden Gast als Päckchen zusammenbinden, zum Beispiel mit Bast, auf den Sie pro Besteck ein paar einfarbige Perlen aufziehen können (Bastelladen, Gartencenter). Zum karibischen Flair gehören auch Palmen und exotische Früchte. Die Früchte machen sich in einem großen Korb, der etwas erhöht stehen sollte, gut auf dem Buffet. Da hinein können Sie Ananas, Bananen, Sternfrüchte, Mangos, Papayas, Limetten und Kokosnüsse legen. Die kleineren Früchte sehen auch als Tischdekoration hübsch aus.
Wenn Sie die Tische lieber mit Blumen schmücken wollen, sollten Sie nur Blüten verwenden. Dafür können Sie kleine Becherglaser oder Kelche nehmen, in die Sie zuerst ein paar Glasmurmeln (Spielwarenladen) legen, dann mit Wasser auffüllen und jeweils nur eine exotische Blüte mit kurzem

Stiel hineinstellen. Bunte Blumengirlanden (Schreibwarenladen, Kaufhaus) aus Papier sehen als Dekoration ebenso fröhlich aus und sind etwas preisgünstiger. Wenn Sie einen finden, gönnen Sie sich einen Vogel fürs Fest: Einen schönen bunten Papagei aus Holz oder anderem Material, den hängen Sie dann übers Buffet.

Die würzige Kürbissuppe läßt sich wunderbar vorbereiten.

Kürbis-Ingwer-Suppe

Zutaten für 20 Personen:
3 l Fleischbrühe
300 g durchwachsener, geräucherter Speck
4 Pimentkörner
1 Eßl. scharfes Currypulver
3 Knoblauchzehen
3 Zwiebeln
3 kg orangefarbener Kürbis
(z. B. Muskatkürbis)
100 g frischer Ingwer
400 ml Kokosmilch
(aus der Dose, Asienladen)
Salz
3–5 Eßl. Limettensaft
(ersatzweise Zitronensaft)
schwarzer Pfeffer, frisch gemahlen
3 Möhren
300 g Knollensellerie
5 Eßl. geschälte Kürbiskerne
1 Bund Petersilie

Gut vorzubereiten

Zubereitungszeit: etwa 50 Minuten
(dazu 45 Minuten Garzeit)

1. In einem großen Suppentopf die Fleischbrühe mit Speck, Piment und Currypulver aufkochen lassen, abschäumen und zugedeckt bei schwacher Hitze etwa 20 Minuten köcheln.

2. Inzwischen den Knoblauch und die Zwiebeln schälen und grob hacken. Den Kürbis schälen, die Kerne entfernen und das Fruchtfleisch in nicht zu große Stücke schneiden. Den Ingwer schälen und fein würfeln. Knoblauch, Zwiebeln, Kürbis und Ingwer in den Topf geben und alles zusammen etwa 45 Minuten kochen, bis der Kürbis butterweich ist.

3. Den Speck herausnehmen (für ein anderes Gericht verwenden). Die Suppe portionsweise im Mixer oder mit dem Schneidstab des Handrührgerätes fein pürieren, anschließend wieder in den Topf zurückgießen und aufkochen. Die Kokosmilch unter die Suppe rühren und alles mit Salz, Limettensaft und Pfeffer abschmecken.

4. Die Möhren und den Sellerie schälen, waschen und auf dem Gemüsehobel in streichholzfeine Streifen schneiden. Das Gemüse in kochendem Salzwasser in 3–4 Minuten bißfest garen, kalt abschrecken und gut abtropfen lassen. Die Kürbiskerne grob hacken. Die Petersilie waschen und die Blättchen nur grob zerzupfen.

5. Das Gemüse mit den Kürbiskernen und der Petersilie vermischen. Die Mischung entweder auf die Suppe streuen oder extra dazu servieren.

Tips!

Wenn Sie keinen frischen Ingwer bekommen sollten, geben Sie 1 Eßlöffel Ingwerpulver zusammen mit dem Currypulver in die Fleischbrühe.
Die Kokosmilch kann durch dieselbe Menge Sahne ersetzt werden.
Wenn Sie mögen, können Sie den gegarten Speck fein würfeln und unter die Suppe mischen.

Exotischer Fischsalat

Zutaten für 20 Personen:
2 reife Ananas von je etwa 1½ kg
1 reife Mango
3 Stangen Staudensellerie
2 Stangen Lauch
Salz
700 g Räucherfischfilet (z. B. Makrele oder Forelle)
4–6 Eßl. Zitronensaft
4 Eßl. trockener Sherry (Fino)
schwarzer Pfeffer, frisch gemahlen
8 Eßl. Sonnenblumenöl
1 Bund Schnittlauch

Gelingt leicht

Zubereitungszeit: etwa 1 Stunde

1. Die Ananas samt dem grünen Schopf der Länge nach halbieren. Das Fruchtfleisch auslösen (ohne die Ananasschalen zu verletzen, denn sie werden als »Schüsseln« gebraucht), anschließend bis auf den harten Teil in der Mitte in kleine Stücke schneiden.

2. Die Mango schälen. Die Frucht aufstellen und das Fruchtfleisch so nah wie möglich am Stein vorbei abschneiden, dann ebenfalls in kleine Stücke teilen. Den Sellerie putzen, das Selleriegrün beiseite legen. Die Stangen waschen, abtrocknen und in dünne Scheibchen schneiden.

3. Den Lauch putzen, waschen und schräg in etwa 1 cm lange Stücke schneiden. Anschließend in kochendem Salzwasser 3–4 Minuten blanchieren, kalt abschrecken und gut abtropfen lassen. Die Räucherfischfilets längs halbieren und in mundgerechte Stücke teilen.

4. Den Zitronensaft mit dem Sherry, wenig Salz und Pfeffer gut verrühren, nach und nach das Öl unterschlagen. Den Schnittlauch waschen, einige Halme zum Garnieren zurücklassen, in Röllchen schneiden und unter die Vinaigrette mischen.

5. Ananas- und Mangostücke, Lauch, Staudensellerie, Räucherfisch und die Vinaigrette vorsichtig mischen. Den Salat in die Ananashälften füllen und mit den Schnittlauchhalmen garnieren.

Tip!
Den Salat können Sie gut vorbereiten, Sie sollten ihn aber erst kurz vor dem Essen in die Ananashälften füllen.

Papaya-Snacks

Zutaten für 20 Personen:
3 reife Papayas (je etwa 500 g)
3 Eßl. Zitronensaft
2–3 Stengel Basilikum
2–3 Stengel glatte Petersilie
200 g Schnittkäse am Stück
(z. B. Butterkäse oder Gouda)
150 g Salami in kleinen, dünnen Scheiben
Außerdem:
kleine Holzstäbchen (Zahnstocher)

Geht schnell

Zubereitungszeit: etwa 30 Minuten

Fruchtige Spezialitäten: Exotischer Fischsalat (links) und Papaya-Snacks (rechts).

1. Die Papayas schälen, quer halbieren und die schwarzen Samen mit einem Löffel entfernen. Das Fruchtfleisch von 1 Papaya in kleine Spalten, das der anderen in Würfel schneiden. Spalten und Würfel mit Zitronensaft beträufeln.

2. Die Kräuter waschen. Die Blättchen von den Stengeln zupfen. Den Käse in kleine Dreiecke schneiden.

3. Jeweils 1 Salamischeibe und 1 Basilikumblatt mit Hilfe eines Holzstäbchens dekorativ auf 1 Papayaspalte stecken. Dann jeweils 1 Papayawürfel auf 1 Käsedreieck setzen, dazwischen ein Petersilienblatt schieben und mit einem Holzstäbchen zusammenstecken. Die Papaya-Snacks auf einer Platte hübsch anrichten. Oder die Papayastücke mit Salami und Käse auf die Holzstäbchen stecken.

Scharfe Bohnen

Zutaten für 20 Personen:
1 kg breite grüne Bohnen
Salz
2 große Dosen Kidneybohnen
(je 530 g Abtropfgewicht)
3–4 rote Zwiebeln
1–2 Knoblauchzehen
2 frische rote Chilischoten
6 Eßl. Öl
8 Eßl. Zitronensaft
Tabascosauce

Raffiniert • Dekorativ

Zubereitungszeit: etwa 45 Minuten

1. Die grünen Bohnen waschen, entfädeln und die Enden abschneiden. Schräg in etwa 3 cm große Stücke schneiden. In 2–3 Portionen in kochendem Salzwasser in etwa 15 Minuten bißfest garen. Eiskalt abschrecken und gut abtropfen lassen.

2. Die Kidneybohnen kalt abspülen und abtropfen lassen. Zwiebeln und Knoblauch schälen. Die Zwiebeln halbieren und in feine Scheiben schneiden. Die Chilischoten waschen, putzen und entkernen; in hauchfeine Ringe schneiden oder fein hacken.

3. Beide Bohnensorten, die Chiliringe und die Zwiebeln in einer Schüssel vermengen. Öl und Zitronensaft kräftig miteinander verrühren und die Marinade mit Salz und Tabasco scharf abschmecken. Die Knoblauchzehen durch eine Presse dazudrücken, die Marinade unter die Bohnen heben.

Jambalaya

Zutaten für 20 Personen:
2 l Hühnerbrühe
6 Hähnchenbrustfilets (600–700 g)
3 Lorbeerblätter
1 Zimtstange
6 Pimentkörner
300 g Zwiebeln
5 Knoblauchzehen
je 1 rote, grüne und gelbe Paprikaschote
400 g Vorderschinken am Stück
1 kg Fleischtomaten
1–2 frische rote Chilischoten
3 Eßl. Öl
400 g Langkornreis (parboiled)
Salz
1 Teel. Cayennepfeffer
2 Teel. frische Thymianblättchen
1 Teel. Paprikapulver, rosenscharf
1 Bund Frühlingszwiebeln
etwas Tabascosauce

Kreolische Spezialität

Zubereitungszeit: etwa 1 Stunde

1. Die Brühe aufkochen. Das Hähnchenfleisch, die Lorbeerblätter, die Zimtstange und die Pimentkörner in die kochende Brühe geben und zugedeckt bei schwacher Hitze etwa 10 Minuten ziehen lassen.

2. Inzwischen die Zwiebeln und Knoblauchzehen schälen, die Zwiebeln fein würfeln, den Knoblauch in Scheibchen schneiden. Die Paprikaschoten kalt waschen, putzen und in etwa 2 cm große Würfel schneiden. Den Schinken etwa 1½ cm groß würfeln.

3. Die Tomaten häuten, halbieren und entkernen. Das Fruchtfleisch grob würfeln. Die Chilischoten waschen und ganz lassen.

4. Das Hähnchenfleisch etwas abgekühlt quer in Scheiben schneiden. Die Gewürze aus der Brühe entfernen.

5. In einem großen Topf die Zwiebeln und Knoblauchzehen im heißen Öl glasig dünsten. Die Paprikaschoten kurz mitdünsten. Den Reis unter das Gemüse mischen und mit der Hühnerbrühe ablöschen.

6. Salz, den Cayennepfeffer, Thymian, Rosenpaprika, den Schinken, das Hühnerfleisch, die Tomaten und die Chilischoten in den Topf geben, aufkochen und zugedeckt bei schwacher Hitze 15–20 Minuten köcheln lassen. Der Reis soll körnig bleiben.

7. Die Frühlingszwiebeln waschen, putzen und in feine Ringe schneiden. Den Jambalaya mit Salz und Tabasco scharf abschmecken und mit Frühlingszwiebeln bestreuen.

Fleischspießchen mit Erdnußsauce

Zutaten für etwa 30 Spießchen:
Für die Spießchen:
1 Stück frischer Ingwer (etwa 4 cm)
2 frische rote Chilischoten
3 Knoblauchzehen
8 Eßl. Sojasauce
8 Eßl. trockener Sherry (fino)
3 Eßl. Zitronensaft
8 Eßl. Fleischbrühe
2 Eßl. Sesam- oder Erdnußöl
1 Teel. Zucker
schwarzer Pfeffer, frisch gemahlen
1 Teel. Koriander, gemahlen
15 Schweineschnitzel (etwa 1,3 kg)
Für die Erdnußsauce:
1 Bund Frühlingszwiebeln
2–3 Knoblauchzehen
2 Eßl. Öl
200 g Erdnußcreme (aus dem Glas)
½ l Fleischbrühe
Saft von 1–2 Limetten
Salz
Cayennepfeffer
50 g geröstete, ungesalzene Erdnüsse
Außerdem: etwa 30 Holzspießchen
von etwa 20 cm Länge

Gut vorzubereiten

Zubereitungszeit: etwa 1 Stunde
(dazu 2 Stunden Marinierzeit)

1. Den Ingwer schälen und auf einer Gemüsereibe fein reiben. Die Chilischoten putzen, entkernen, waschen

Jambalaya (oben) und Fleischspießchen mit Erdnußsauce (unten) sind bekannte Spezialitäten der Karibik.

und in kleine Stückchen schneiden. Die Knoblauchzehen schälen und sehr fein hacken.

2. Ingwer, Chilischoten, Knoblauch, Sojasauce, Sherry, Zitronensaft, Fleischbrühe, Öl, Zucker, Pfeffer und Koriander miteinander verrühren.

3. Die Schnitzel vierteln, mit der Marinade vermengen, in eine flache Form legen und zugedeckt etwa 2 Stunden, besser über Nacht, ziehen lassen.

4. Für die Erdnußsauce die Frühlingszwiebeln putzen, waschen und bis auf 1 in feine Ringe schneiden. Den Knoblauch schälen und sehr fein würfeln.

5. In einem Topf die Frühlingszwiebeln und den Knoblauch im heißen Öl andünsten. Die Erdnußcreme und die Brühe hinzufügen und unter Rühren sämig einköcheln lassen. Mit Limettensaft, Salz und etwas Cayennepfeffer pikant abschmecken.

6. Die Holzspießchen für etwa 30 Minuten in kaltem Wasser einweichen. Das Fleisch abtropfen lassen, die Marinade dabei auffangen. Je 2 Fleischstückchen ziehharmonikaartig auf einen Holzspieß stecken. Das Fleisch mit der Marinade bepinseln, salzen und auf einem Grill oder unter der Grillschlange des Backofens in etwa 5 Minuten garen.

7. Die restliche Frühlingszwiebel in sehr feine Ringe schneiden, die Erdnüsse grob hacken, beides vermischen und über die Sauce streuen. Die Erdnußsauce zu den heißen Fleischspießchen servieren.

Tip!
Die Fleischspießchen lassen sich auch im Backofen garen. Dazu die Spieße nebeneinander in die tiefe Fettpfanne des Ofens legen, mit der Marinade bestreichen und im vorgeheizten Backofen bei 250° (Mitte; Umluft 230°) in etwa 15 Minuten garen.

Curaçao-Joghurt-Eis

Zutaten für 20 Personen:
750 g Vollmilch-Joghurt
175 g Puderzucker
3 Päckchen Vanillezucker
250–300 ml Curaçao Blue
1 kg Sahne
Saft von 1 Limette (ersatzweise von 1 kleinen Zitrone)
Zum Garnieren: 1 Limette
Zitronenmelisse

Erfrischend

Zubereitungszeit: etwa 1 Stunde
(dazu Kühlzeit über Nacht)

1. Etwa ein Viertel der Joghurtmenge mit dem gesiebten Puderzucker und dem Vanillezucker gut verrühren. Anschließend den restlichen Joghurt und den Curaçao Blue gründlich daruntermischen.

2. Die Sahne portionsweise steif schlagen und unter die Joghurtmasse heben, mit Limettensaft abschmecken.

3. Die Eismasse in 2–3 längliche, halbrunde Metallformen füllen, ins Gefrierfach stellen und mindestens 6 Stunden, besser aber über Nacht, durchfrieren lassen. Zwischen der ersten und zweiten Stunde immer mal wieder kräftig durchrühren. Zum Anrichten die Limette in Spalten schneiden. Mit der Melisse als Garnitur verwenden.

Tips!
Das Eis können Sie auch in 2 Kasten- oder Gugelhupfformen (von je 2,5 l Inhalt) füllen und zum Servieren in Scheiben schneiden. Das sieht ebenso dekorativ aus.
Der Likör läßt sich gut durch alkoholfreien Curaçao-Sirup ersetzen, den Sie in gut sortierten Getränkeabteilungen von Einkaufsmärkten und Kaufhäusern finden können.
Eine witzige Alternative zum Curaçao-Joghurt-Eis ist Minz-Eis. Dafür 100 g frische Pfefferminzblätter mit ¼ l kochendem Wasser übergießen und etwa 15 Minuten zugedeckt ziehen lassen. Abgießen und den Sud mit 100 g Zucker zu einem Sirup auf etwa zwei Drittel dickflüssig einkochen lassen. Abgekühlt, wie im Rezept beschrieben, statt des Likörs verwenden.

Bananen-Kokos-Kuchen

Zutaten für eine Kastenform
von 30 cm Länge:
250 g Kokosraspel
4 Limetten
4 Bananen
6 Eßl. Rum
400 g Mehl
2 Teel. Backpulver
250 g Zucker
250 g weiche Butter
6 Eier
2 Teel. Ingwerpulver
1 Teel. Zimtpulver
200 g Puderzucker
Außerdem: Fett und Mehl für die Form

Gut vorzubereiten

Zubereitungszeit: etwa 35 Minuten
(dazu 1 Stunde Backzeit)

1. Die Kokosraspel in einer Pfanne bei mittlerer Hitze ohne weitere Fettzugabe unter Rühren hellgelb rösten, anschließend herausnehmen und abkühlen lassen.

2. Die Limetten abwaschen und abtrocknen. Von 1 Limette die Schale abreiben und den Saft auspressen. Die Bananen schälen, mit einer Gabel grob zerdrücken und mit dem Limettensaft und dem Rum gut verrühren.

3. Den Backofen auf 175° vorheizen. Die Kastenform einfetten und mit etwas Mehl ausstäuben.

4. In einer Schüssel die Kokosraspel, das Mehl, das Backpulver und den Zucker miteinander vermischen.

5. Die Butter cremig rühren, nach und nach die Eier hinzufügen. Dann den Ingwer, den Zimt und die zerdrückten Bananen unterrühren.

6. Diese Masse in die Schüssel zur Mehlmischung geben und alles miteinander zu einem Teig verrühren.

7. Den Teig in die Kastenform füllen, glattstreichen und im Ofen (Mitte; Umluft 155°) etwa 1 Stunde backen. Mit einem Holzstäbchen die Garprobe machen.

8. Für den Guß die Schale der übrigen Limetten in großen Stücken abschneiden und beiseite legen, den Saft auspressen. Den Puderzucker sieben und mit so viel Limettensaft verrühren, daß ein dickflüssiger Guß entsteht. Die Oberfläche des ausgekühlten Kuchens damit bestreichen und trocknen lassen.

9. Die Limettenschale für etwa 4 Minuten in kochendes Wasser legen, anschließend eiskalt abschrecken, abtrocknen und in möglichst feine Streifchen schneiden. Die Limettenstreifen auf die noch feuchte Glasur streuen.

Tip!

Den Kuchen können Sie gut 2–3 Tage vorher backen und ausgekühlt, allerdings ohne Guß, in Alufolie wickeln. Den Guß dann erst am Partytag auf den Kuchen streichen.

Mit und ohne Alkohol: Mojito (rechts) und Coconut Kiss (links).

Mojito

Mit dem Daiquiri ist der Mojito ein Nationalgetränk Kubas.

Zutaten für 1 Drink:
3 cl Limettensaft, frisch gepreßt
2 cl Rohrzuckersirup
oder 2 Barlöffel reiner Rohrzucker
6–7 frische Minzeblätter
6 cl weißer Rum
5–6 Eiswürfel
1 Schuß Soda (oder Mineralwasser)
Zum Garnieren:
1 Minzezweig
Außerdem:
1 Cocktailglas
Stößel
Barlöffel
Trinkhalm

1. Den Limettensaft und den Rohrzuckersirup mit den Minzeblättern in das Glas geben. Die Minzeblätter mit dem Stößel etwas zerdrücken, damit sie ihr Aroma gut abgeben.

2. Den Rum und die Eiswürfel dazugeben. Mit einem Schuß Soda auffüllen und mit dem Barlöffel kurz verrühren. Mit dem Minzezweig garnieren und mit Trinkhalm servieren.

Coconut Kiss
(alkoholfrei)

Zutaten für 1 Drink:
4 cl Orangensaft
12 cl Ananassaft
3 cl Kokosnußsirup
1 cl Sahne
5–6 Eiswürfel für den Shaker
4–5 Eßl. zerstoßenes Eis für das Glas
Zum Garnieren:
1 Minzezweig
1 Maraschinokirsche mit Stiel
Außerdem:
Shaker
1 Cocktailglas
Barsieb
Trinkhalm

1. Den Orangen- und den Ananassaft mit dem Kokosnußsirup, der Sahne und den Eiswürfeln in den Shaker geben und 8–10 Sekunden kräftig schütteln.

2. Das zerstoßene Eis ins Cocktailglas füllen. Den Drink durch das Barsieb darüber abseihen, mit Minze und Kirsche garnieren und mit Trinkhalm servieren.

Planter's Punch

Zutaten für 1 Drink:
1 cl Zitronensaft, frisch gepreßt
4 cl Orangensaft
8 cl Ananassaft
½ cl Grenadinesirup
3 cl weißer Rum
3 cl brauner Rum
5–6 Eiswürfel für den Shaker
4–5 Eßl. zerstoßenes Eis für das Glas
Zum Garnieren:
½ Orangenscheibe
¼ Ananasscheibe
1 Maraschinokirsche mit Stiel
Außerdem:
Shaker
1 Cocktailglas
Barsieb
Trinkhalm

1. Den Zitronen-, den Orangen- und den Ananassaft mit dem Grenadinesirup und den beiden Rumsorten sowie den Eiswürfeln in den Shaker geben und 8–10 Sekunden kräftig schütteln.

2. Das zerstoßene Eis in das Glas füllen, den Drink durch das Barsieb darüber abseihen.

3. Das Glas mit dem Orangen- und dem Ananasstück sowie der Kirsche garnieren. Mit Trinkhalm servieren.

Tip!
Diesen Drink können Sie auch im Blender mit etwas zerstoßenem Eis zubereiten.

Pina Colada

Zutaten für 1 Drink:
12 cl Ananasaft
3 cl Kokosnußsirup
6 cl weißer Rum
5–6 Eiswürfel für den Shaker
4–5 Eßl. zerstoßenes Eis für das Glas
Zum Garnieren:
⅛ Scheibe Ananas
1 Maraschinokirsche mit Stiel
Außerdem:
Shaker
1 Cocktailglas
Barsieb
Trinkhalm

1. Den Ananassaft mit dem Kokosnußsirup, dem Rum und den Eiswürfeln in den Shaker geben und 8–10 Sekunden kräftig schütteln.

2. Das zerstoßene Eis in das Cocktailglas geben. Den Drink durch das Barsieb darüber abseihen.

3. Das Ananasstück in der Mitte etwas einschneiden und an den Glasrand stecken. Den Drink mit der Kirsche garnieren und mit Trinkhalm servieren.

Tip!
Wer möchte, kann den Drink in einer halbierten Kokosnuß servieren.

Variante
Lechthalers Pina Colada
12 cl Ananasaft, 3 cl Kokosnußsirup, 2 cl Sahne und je 3 cl weißen Rum und braunen Rum wie oben beschrieben mixen.

Daiquiri Natural

Zutaten für 1 Drink:
3 cl Limettensaft, frisch gepreßt
1½ cl Rohrzuckersirup
oder 2 Barlöffel reiner Rohrzucker
5 cl weißer Rum
5–6 Eiswürfel
Außerdem:
Shaker
Barsieb
1 gefrostetes Cocktailglas (Seite 18)

1. Den Limettensaft mit dem Rohrzuckersirup, dem Rum und den Eiswürfeln in den Shaker füllen und 8–10 Sekunden kräftig schütteln.

2. Den Drink durch das Barsieb in das gekühlte Cocktailglas abseihen und servieren.

Fruchtige Drinks: Pina Colada (links) und Planter's Punch (rechts).

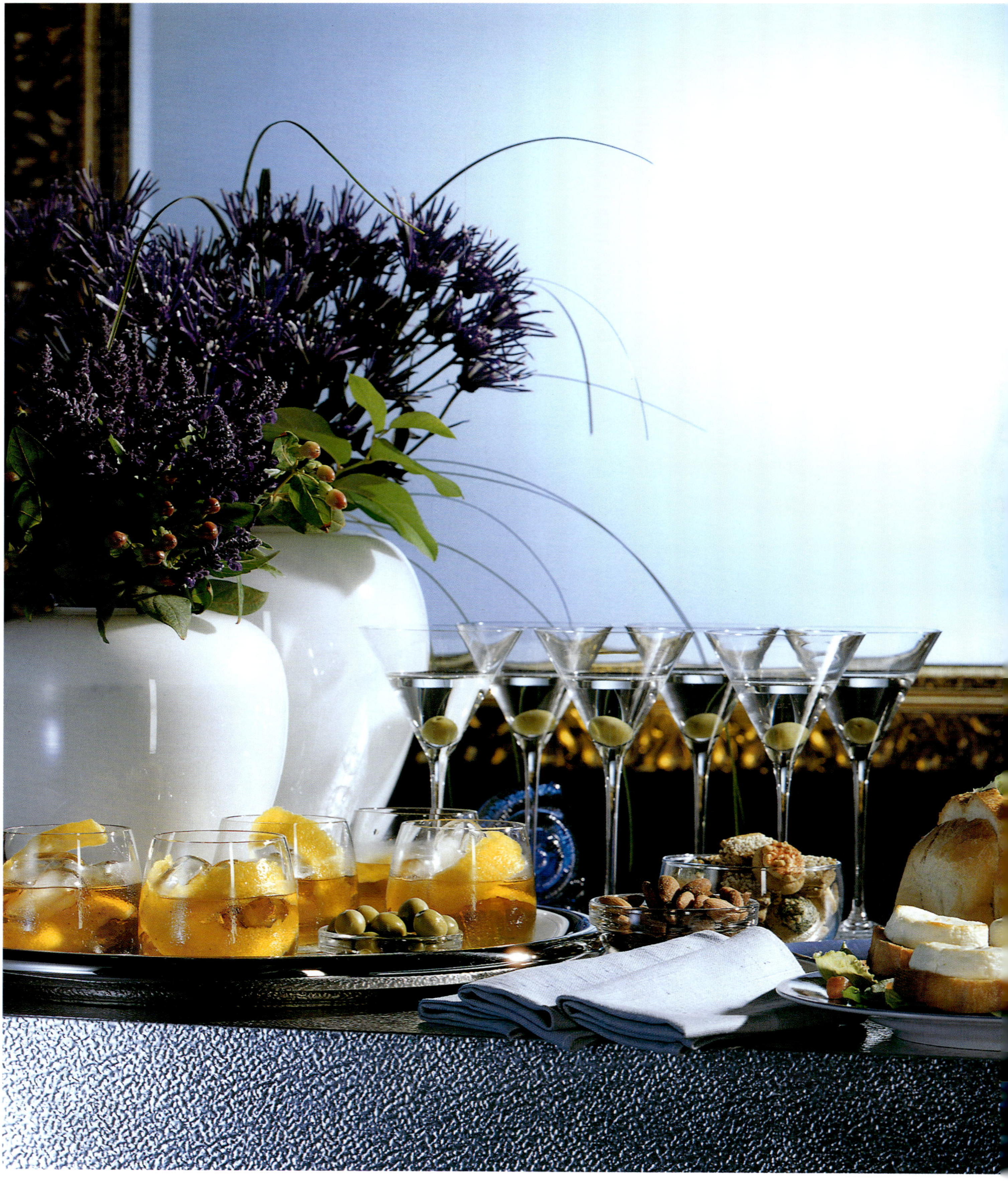

Auf einen Drink

Spontanfest für 10 Personen

Die ideale Form für diejenigen, die ihre Freunde gerne zum zwanglosen Plaudern sehen möchten, aber wenig Zeit und Muße für tagelange Vorbereitungen und durchfeierte Nächte haben. Wer mit den Worten: »Komm doch übermorgen auf einen Drink vorbei« eingeladen wird, weiß, daß es sich um eine Kurz-Party handelt, daß es etwas zu trinken gibt und eine Kleinigkeit zu essen, aber kein opulentes Mahl. Die Einladung gilt sozusagen für die »Blaue Stunde« oder »Happy Hour« – dieser eher leisen Zeit zwischen Nachmittag und Abend.

Die Dekoration ist nicht aufwendig, sieht aber eindrucksvoll aus. Die Cocktails sind mit Käsegebäck, Salzmandeln und Oliven zum Knabbern die richtige Einstimmung zur Entspannung. Das Essen ist unkompliziert, macht aber eine Menge her: Lachs-Zucchini-Carpaccio, Sandwich-Stange, Glasnudelsalat mit Hackfleisch, Safran-Gemüse, ofenwarmer Ziegenkäse auf Salat und zum Schluß Amaretti-Mousse mit Zwetschgensauce. Dazu gibt's Klassiker wie Campari Shakerato, Cocktail After Eight und Martini Dry Cocktail und den alkoholfreien Aperosso Sling. Nun noch einen Blues aufgelegt und die Gäste können kommen. Ob aus der glücklichen Stunde nicht doch ein langes Fest wird, steht auf einem ganz anderen Blatt.

Auf einen Drink

Das gibt es
- Lachs-Zucchini-Carpaccio
- Sandwich-Stange
- Glasnudelsalat mit Hackfleisch
- Safran-Gemüse
- Ofenwarmer Ziegenkäse auf Salat
- Amaretti-Mousse mit Zwetschgensauce

Cocktails & Co.
- Campari Shakerato
- Martini Dry Cocktail
- Cocktail After Eight
- Aperosso Sling (alkoholfrei)

Zum Essen sollten Sie Ihren Gästen auf Wunsch auch einen trockenen Weißwein anbieten, zum Beispiel Chardonnay oder Pinot Grigio aus dem Trentino.

So wird's schneller!
- Das Lachs-Zucchini-Carpaccio nur mit der Marinade bestreichen und nicht mehr ziehen lassen.
- Statt der Sandwich-Stange aus den Zutaten einfach Sandwiches zubereiten, ohne das Brot als Gerüst zu nehmen.
- Beim Safran-Gemüse nur eine Gemüsesorte verarbeiten, davon dann entsprechend mehr.
- Den Ziegenkäse ohne das Knoblauchbrot überbacken, die Brotscheiben dann getrennt dazu servieren.

Zeitplan

2 bis 3 Tage vorher:	• Dekoration bereitstellen bzw. besorgen. • Musik auswählen.
Am Party-Tag:	• Buffet und Bar aufbauen. • Tische decken und alles dekorieren. • Amaretti-Mousse und Zwetschgensauce zubereiten. • Glasnudelsalat mit Hackfleisch zubereiten. • Safran-Gemüse herstellen. • Sandwich-Stange zubereiten.
1–2 Stunden vor Eintreffen der Gäste:	• Lachs-Zucchini-Carpaccio zubereiten. • Ziegenkäse vorbereiten bis zum Backen. • Essen aufs Buffet stellen.
Während der Party:	• Ziegenkäse backen und auf dem Salat anrichten.

Deko-Ideen

In Anlehnung an die »Blaue Stunde« spielt die Farbe Blau in allen Nuancen hier die Hauptrolle: blaue Teller, eventuell in verschiedenen Größen, blauer Stoff oder Wachstuch, blaue Servietten und leere Flaschen in allen Blau-Schattierungen. Die Flaschen, zum Beispiel Mineralwasserflaschen, werden teils mit Kerzen zu Leuchtern oder mit einzelnen, langstieligen Blumen oder Gräsern zu Vasen umfunktioniert. Weiße oder blaue Kerzen und weiße Lilien sehen darin edel aus, lebendiger wirkt das Bild mit Kerzen und Blumen in Pastelltönen. Stellen Sie die Flaschen nicht verteilt, sondern mindestens drei bis vier Flaschen eng zusammen in einer Gruppe auf, das macht den Effekt viel größer. Den letzten Schliff geben Sie der Dekoration mit kleinen Accessoires aus Terracotta wie Muscheln, Fische, Seepferdchen oder Seesternen. Wenn Sie Geschirr oder Schüsseln aus Terracotta haben, können Sie natürlich mischen. Wer kein blaues Geschirr hat oder besorgen möchte, nimmt statt dessen weißes. Statt der Accessoires aus Terracotta nehmen Sie dann blaue, das können auch Glasperlen, Glasplättchen, -sterne oder andere Formen sein.

Hier noch weitere Vorschläge, wie Sie Ihr Spontanfest mit relativ wenig Aufwand wirkungsvoll dekorieren können:
- Kaufen Sie Glaskugeln (Murmeln, Schusser) in unterschiedlichen Größen und Farben und arrangieren Sie diese zusammen mit farblich passenden Teelichtern zu jeweils kleinen »Farbinseln«.
- Besorgen Sie sich möglichst lange Efeuranken, die zusammen mit weißen oder farbigen Kerzen schlicht und gleichzeitig edel wirken.
- Dekorieren Sie ausschließlich mit knackigem Gemüse. Kleine Paprikaschoten, Auberginen, Zucchini, Artischocken, Tomaten, Radieschen, gewaschen und trockengetupft, verbreiten ländlich-rustikale Stimmung.
- Sammeln Sie Muscheln oder Steine? Wunderbar – damit haben Sie auf Anhieb eine witzige Dekoration. Eventuell mit ein paar Blüten in kräftigen Farben arrangieren.
- Hübsch machen sich im Herbst auch bunte Blätter, Kastanien und kleine Zierkürbisse.

Lachs-Zucchini-Carpaccio

Zutaten für 10 Personen:
50 g Pinienkerne
4 Eßl. Zitronensaft
3 Eßl. Olivenöl, kaltgepreßt
1 Teel. mittelscharfer Senf
Salz
schwarzer Pfeffer, frisch gemahlen
1–2 Teel. Aceto balsamico (Balsamessig)
1 kleines Bund Dill
500 g kleine Zucchini
200–250 g Graved Lachs in sehr dünnen Scheiben

Edel • Dekorativ

Zubereitungszeit: etwa 30 Minuten
(dazu 30 Minuten Marinierzeit)

1. Die Pinienkerne in einer Pfanne unter Rühren ohne Fettzugabe goldgelb rösten und abkühlen lassen.

2. Für die Marinade den Zitronensaft mit dem Öl, dem Senf, etwas Salz und Pfeffer kräftig verschlagen und mit dem Aceto balsamico abschmecken. Den Dill waschen und die zartesten Spitzen abknipsen und beiseite legen. Den übrigen Dill fein hacken.

3. Die Zucchini waschen und die Enden abschneiden. Die Zucchini längs in möglichst dünne Scheiben schneiden. Die Scheiben von beiden Seiten hauchdünn mit der Marinade bepinseln. Die Lachsscheiben längs halbieren.

4. Den gehackten Dill unter die restliche Marinade rühren. Auf einem flachen Teller die Lachs- und die Zucchinischeiben fächerförmig anrichten. Mit der übrigen Marinade beträufeln und mit Dillspitzen und Pinienkernen bestreuen.

5. Das Carpaccio mit Frischhaltefolie abdecken und noch etwa 30 Minuten im Kühlschrank durchziehen lassen.

Tip!
Den Lachs können Sie auch gut gegen dieselbe Menge hauchdünn geschnittenes Rinderfilet (aus dem Mittelstück) austauschen.

Sandwich-Stange

Zutaten für 10 Personen:
1 längliches Brot von etwa 1 kg
200 g weiche Butter
5 Eßl. Kräutersenf
weißer Pfeffer, frisch gemahlen
1 kleiner fester Kopfsalat
¼ Salatgurke
1 Bund Radieschen
200 g roher, geräucherter Schinken in dünnen Scheiben
200 g Hartkäse in dünnen Scheiben

Raffiniert

Zubereitungszeit: etwa 1 Stunde

1. Das Brot etwa 5 cm von beiden Enden entfernt senkrecht einschneiden, so daß unten nur noch etwa 1 cm stehenbleibt. Nun unten waagerecht von Einschnitt zu Einschnitt schneiden. Das ausgelöste Brot dünn aufschneiden.

2. Die weiche Butter mit dem Senf verrühren und mit Pfeffer würzen. Die Brotscheiben, bis auf 4–5 Stück (diese für den Brotkorb verwenden), mit der Senfbutter bestreichen.

3. Den Salat putzen, waschen und gut abtropfen lassen. Die Gurke und die Radieschen putzen, waschen und in dünne Scheiben schneiden.

4. Nun jeweils 1 Scheibe Schinken und Käse (etwas größer als die Brotscheiben), 1 Salatblatt und 2–3 Gurken- oder Radieschenscheiben dekorativ zwischen 2 bestrichene Brotscheiben legen. Anschließend diese Sandwiches ganz dicht nebeneinander in das Brotgerüst stellen.

5. Die Sandwich-Stange locker mit Cellophanpapier umhüllen und an den Enden zubinden. Zum Servieren das Cellophanpapier entfernen oder oben längs einschneiden und zu den Seiten auseinanderziehen.

Tips!
Die Sandwich-Stange sollte möglichst frisch gegessen werden. Wollen Sie sie vorbereiten, belegen Sie die Sandwiches nur mit Schinken und Käse. Die Salatblätter sowie die Gurken- und Radieschenscheiben legen Sie dann beim Servieren als Garnitur dazu. Als Brotsorte können Sie zum Beispiel ein Weizen- oder Roggenmischbrot oder auch eine dunklere Sorte kaufen. Wichtig ist dabei nur, daß man das Brot in dünne Scheiben schneiden kann. Statt rohem Schinken schmeckt ebensogut gekochter Schinken, Salami oder eine andere Wurst. Als Käse eignen sich Sorten wie Greyerzer, Emmentaler oder mittelalter Gouda.

Glasnudelsalat mit Hackfleisch

Zutaten für 10 Personen:
2 Zwiebeln
1–2 Knoblauchzehen
1 Stück frischer Ingwer (etwa 2 cm lang, ersatzweise 1 Teel. Ingwerpulver)
3 Eßl. Öl
400 g Rinderhackfleisch
60 g Glasnudeln (Asienladen)
1 kleine rote Parikaschote
1 Bund Petersilie
4 Eßl. Sojasauce
6 Eßl. trockener Sherry (Fino)
etwa 4 Eßl. Zitronensaft
Salz
Cayennepfeffer

Gut vorzubereiten

Zubereitungszeit: etwa 50 Minuten (dazu 30 Minuten Marinierzeit)

1. Die Zwiebeln, die Knoblauchzehen und den Ingwer schälen und sehr fein würfeln. Dann in einer großen Pfanne in 1 Eßlöffel heißem Öl goldgelb anbraten. Aus der Pfanne nehmen und beiseite stellen.

2. Das Hackfleisch mit dem restlichen Öl in die Pfanne geben und bei starker Hitze braten, bis es rundherum braun und krümelig ist. Den Bratensatz mit 3–4 Eßlöffeln Wasser ablöschen. Das Hackfleisch etwas abkühlen lassen.

4. Die Glasnudeln in eine Schüssel geben, mit kochendem Wasser übergießen und etwa 5 Minuten quellen lassen. Anschließend in ein Sieb gießen, abtropfen lassen und am besten mit einer Küchenschere in etwas kleinere Stücke schneiden.

5. Die Paprikaschote vierteln, Stengelansatz, Kerngehäuse und dicke Rippen entfernen. Die Viertel waschen und quer in möglichst dünne Scheiben schneiden. Die Petersilie waschen, die Blättchen abzupfen und hacken.

6. In einer Schüssel das angebratene Hackfleisch, die Zwiebelmischung, die Glasnudeln, die Paprika und die Petersilie vermischen.

7. Für die Marinade die Sojasauce, den Sherry, den Zitronensaft, etwas Salz und Cayennepfeffer verrühren. Die Marinade unter die Zutaten heben.

8. Den Salat mindestens 30 Minuten zugedeckt durchziehen lassen. Vor dem Servieren nochmals mit Salz, Cayennepfeffer und Zitronensaft säuerlich-scharf abschmecken.

Variante
Möhre statt Paprika verwenden: Die Möhre schälen, waschen, längs halbieren und in etwa ½ cm dicke Scheiben schneiden. 2–3 Minuten in kochendem Salzwasser blanchieren, kalt abschrecken und abtropfen lassen.

Safran-Gemüse

Zutaten für 10 Personen:
400 g Möhren
2 Bund Frühlingszwiebeln
150 g Schalotten
2 Fenchelknollen (etwa 600 g)
2 Kohlrabi (etwa 400 g)
6 Eßl. Olivenöl
3 Teel. Zucker
3 Briefchen Safranfäden
1 Lorbeerblatt
1 Teel. frische Thymianblättchen
1 Teel. Korianderkörner
Salz
schwarzer Pfeffer, frisch gemahlen
4 Eßl. Zitronensaft

Zubereitungszeit: etwa 40 Minuten

1. Die Möhren schälen, waschen, längs halbieren und schräg in etwa 3 cm lange Stücke schneiden. Die Frühlingszwiebeln waschen, putzen und in ebensolche Stücke schneiden. Die Schalotten schälen und halbieren. Vom Fenchel die Stiele abschneiden, das zarte Grün beiseite legen. Die Knollen waschen, längs halbieren und mit dem Strunk in kleinere Segmente schneiden. Den Kohlrabi schälen, vierteln und in Scheiben schneiden.

2. In einem Topf 3 Eßlöffel Öl erhitzen. Möhren, Schalotten, Fenchel und Kohlrabi darin etwa 4 Minuten bei mittlerer Hitze anbraten. Den Zucker und den Safran untermischen.

3. Mit 300 ml Wasser ablöschen. Die Gewürze hinzufügen. Das Gemüse zugedeckt bei schwacher Hitze zunächst etwa 12 Minuten köcheln lassen. Dann die Frühlingszwiebeln dazugeben und das Ganze weitere 5 Minuten garen. Das Gemüse sollte noch Biß haben.

4. Das restliche Öl und den Zitronensaft unter das Gemüse mischen. Lauwarm oder auch kalt werden lassen. Vor dem Servieren eventuell nachwürzen. Das Fenchelgrün hacken und darüber streuen.

Safran-Gemüse (oben) und Ziegenkäse auf Salat (unten) sind pikante Kleinigkeiten, die ganz einfach gelingen.

Ofenwarmer Ziegenkäse auf Salat

Zutaten für 10 Personen:
400 g Ziegenfrischkäse
1 Knoblauchzehe
8 Eßl. Olivenöl, kaltgepreßt
10 Scheiben Baguette
300 g Blattsalat
(Romana, Lollo Rosso oder ähnliche)
100 g Rucola oder Brunnenkresse
2 Fleischtomaten
2 Eßl. trockener Sherry (Fino)
Salz
schwarzer Pfeffer, frisch gemahlen

Gelingt leicht

Zubereitungszeit: etwa 40 Minuten

1. Den Ziegenfrischkäse in 10 gleich große Stücke schneiden. Die Knoblauchzehe schälen, durchpressen und mit 4 Eßlöffeln Olivenöl verrühren. Die Oberfläche der Brotscheiben mit der Hälfte des Knoblauchöls bestreichen. Jeweils ein Käsestück auf ein Brot legen und mit dem restlichen Öl bepinseln.

2. Den Blattsalat und den Rucola oder die Brunnenkresse putzen und waschen. Die Tomaten kurz in kochendes Wasser halten. Die Stengelansätze herausschneiden, die Tomaten häuten, halbieren und entkernen. Das Tomatenfleisch fein würfeln. Den Backofen auf 200° vorheizen.

3. Aus den restlichen 4 Eßlöffeln Olivenöl, dem Sherry, etwas Salz und Pfeffer eine Marinade rühren.

4. Den Käse mitsamt dem Brot auf ein Backblech legen. Im heißen Backofen (Mitte; Umluft 180°) 8–9 Minuten überbacken, bis der Käse eine goldgelbe Oberfläche hat.

5. Inzwischen den Salat und den Rucola oder die Brunnenkresse auf einer Platte anrichten. Die Tomatenwürfel darüber verteilen. Das Ganze mit der Marinade beträufeln.

6. Den Ziegenkäse aus dem Ofen nehmen, auf dem Salat anrichten und möglichst sofort servieren.

Amaretti-Mousse mit Zwetschgensauce

Zutaten für 10 Personen:
Für die Mousse:
250 g weiße Kuvertüre
2 Blatt weiße Gelatine
2 ganz frische Eier
2 Päckchen Vanillezucker
100 g Amaretti
(italienische Mandelkekse)
400 g Sahne
Für die Sauce:
750 g Zwetschgen
2–3 Eßl. Zucker
½ Zimtstange
4–6 Eßl. Crème de Cassis
(Johannisbeerlikör)

Raffiniert

Zubereitungszeit: etwa 1 Stunde
(dazu mindestens 4 Stunden Kühlzeit)

1. Die Kuvertüre grob hacken und in einer kleinen Schüssel oder Tasse im heißen Wasserbad unter gelegentlichem Rühren schmelzen lassen. Die Gelatine etwa 5 Minuten in einem Schälchen in kaltem Wasser einweichen.

2. Die Eier mit dem Vanillezucker in einer Edelstahlschüssel über Wasserdampf zu einer dicklichen Creme aufschlagen. Die eingeweichte Gelatine ausdrücken und unter Rühren in der Creme auflösen.

3. Dann die Kuvertüre unter die Eiermasse rühren, etwas abkühlen lassen. Die Amaretti grob zerkleinern. Die Sahne in 2 Portionen steif schlagen. Sahne und Amaretti nach und nach unterheben.

4. Die Mousse in eine Schüssel füllen und zugedeckt mindestens 4 Stunden, besser über Nacht, kalt stellen.

5. Die Zwetschgen waschen, halbieren und entsteinen. Mit 2 Eßlöffeln Zucker, der Zimtstange und 200 ml Wasser in einen Topf füllen und offen bei mittlerer Hitze etwa 10 Minuten dünsten. Die Zimtstange entfernen.

6. Die Zwetschgen im Mixer oder portionsweise mit dem Pürierstab fein zerkleinern, anschließend durch ein Sieb streichen.

7. Die Sauce mit dem Crème de Cassis und noch mit Zucker abschmecken. Bis zum Servieren zugedeckt kalt stellen.

Campari Shakerato

Zutaten für 1 Drink:
6 cl Campari
5–6 Eiswürfel
1 Stück (Zeste) unbehandelte
Orangenschale
Außerdem:
Shaker
1 gefrostetes Cocktailglas (Seite 18)
Barsieb

1. Den Campari mit den Eiswürfeln in den Shaker geben und 8–10 Sekunden kräftig schütteln.

2. Den Campari durch das Barsieb in das vorgekühlte Glas abseihen. Die Orangenschale darüber ausdrücken, eventuell in den Drink geben. Servieren.

Martini Dry Cocktail

Zutaten für 1 Drink:
5 cl gekühlter Gin
1 cl Vermouth Extra Dry
Zum Garnieren:
1 große grüne Olive mit Stein
6–8 Eiswürfel
Außerdem:
Rührglas
1 gefrostetes Cocktailglas (Seite 18)
Barsieb
Barlöffel

1. Den Martini und den Vermouth mit den Eiswürfeln im Rührglas kurz und kräftig 5–6 Sekunden verrühren. In das vorgekühlte Glas abseihen, die Olive hineingeben. Den Cocktail servieren.

Tips!
Die Oliven für den Cocktail dürfen weder gefüllt noch in Öl eingelegt sein. Nehmen Sie immer Oliven in Salzlake. Außerdem die Olive lose, nicht mit Plastiksticker ins Glas geben. Wer möchte, kann aber in einem Schälchen Oliven mit Stickern dazu servieren. Der Martini-Cocktail schmeckt auch »on the rocks«, also mit Eiswürfeln.

Varianten
Martini Extra Dry
Statt 1 cl Vermouth Extra Dry nur 1 Spritzer (»dash«), aber 6 cl Gin verwenden.

Ziegler Tartufino
3 cl gekühlten Waldhimbeergeist und 3 cl Vermouth Bianco in einem Rührglas verrühren, in ein gefrostetes Cocktailglas abseihen und servieren.

Campari Shakerato (links) und Martini Dry Cocktail (rechts) sind echte Klassiker.

Cocktail After Eight

Zutaten für 1 Drink:
2 cl Cognac
2 cl Creme de menthe, weiß
2 cl halbtrockener Sherry
5–6 Eiswürfel
1 Stück unbehandelte Zitronenschale

Außerdem:
Rührglas
1 Cocktailglas
Barsieb

1. Cognac, Creme de menthe und Sherry in einem Rührglas mit 1–2 Eiswürfeln kurz, aber kräftig verrühren.

2. Die übrigen Eiswürfel in das Cocktailglas geben, den Cocktail durch das Barsieb darüber seihen. Mit der Zitronenschale garniert servieren.

Aperosso Sling
(alkoholfrei)

Zutaten für 1 Drink:
4 cl Orangensaft
4 cl Maracujasaft
½ cl Erdbeersirup
5–6 Eiswürfel für den Shaker
4–5 Eßl. zerstoßenes Eis für das Glas
1 Flasche Aperosso
(alkoholfreies Bittergetränk)
Zum Garnieren:
1 Stück unbehandelte Orangenschale
Außerdem:
Shaker
1 Cocktailglas
Barsieb
Trinkhalm

1. Den Orangen- und den Maracujasaft mit dem Erdbeersirup und den Eiswürfeln im Shaker 8–10 Sekunden kräftig schütteln.

Der fruchtige Aperosso Sling ohne Alkohol (links) und der Cocktail After Eight (rechts) sind schnell gemixt.

2. Das gestoßene Eis ins Cocktailglas füllen. Die Saftmischung durch das Barsieb darüber abseihen. Mit dem gekühlten Aperosso auffüllen.

3. Den Drink kurz durchrühren, mit der Orangenschale garnieren und mit Trinkhalm servieren.

76

50er-Jahre-Party

Einladung für 15 Personen

Was wurde damals nicht alles angerichtet: Fliegenpilz-Tomaten, Schinkenröllchen, Käsecreme-Cracker, Tutti-Frutti. Die Ananasscheibe mit der Kirsche aus der Dose signalisierte die Anfänge des Wirtschaftswunders. Halbtrockene Weine, Wermut-Cocktails und Eierlikör-Flips waren beliebte Getränke, eine Bowle fehlte auf keiner Feier. Der erste Fernsehkoch, Clemens Wilmenroth, weihte die Hausfrauen in lässigem Plauderton in die Geheimnisse der Veredelung von Rezepten ein. Mayonnaise kam jetzt in der Tube auf den Markt, für Kreative gleich mit eingestanztem fünfzackigem Garnierstern. Die Jugendlichen trugen Petticoats und Ringelsöckchen, stylten sich wie Marilyn Monroe oder James Dean und fuhren mit der »Knutschkugel«, der brandneuen kleinen Isetta, zum Tanztee. Nierentische, Tütenlampen und Chrysanthemen in der legendären Vase namens »Schwangere Luise« gehörten zum allerneuesten Designtrend. Die Golden Fifties sind längst wieder in Mode – lassen Sie die Zeit also für einen Partyabend nochmals aufleben. Mit nostalgischen Gerichten (die in ihren Rezepturen unserem heutigen Geschmack etwas angeglichen wurden), mit legendärem Rock'n'Roll und Boogie und witzigem Ambiente. Dabei werden Ihre Gäste garantiert so richtig in Stimmung kommen.

50er-Jahre-Party

Das gibt es
- Fliegenpilz-Tomaten
- Cracker mit Käsecreme
- Schinkenröllchen
- Gefüllte Eier
- Pumpernickel-Türmchen
- Cocktail-Spießchen
- Hühnerbrühe mit Sherry
- Reissalat mit Hühnerfleisch
- Tutti-Frutti

Cocktails & Co.
- Golden Egg
- Southern Comfort Dry Manhattan
- Blue Lady
- Grasshopper
- Black Maria
- Old Fashioned Cup (alkoholfrei)

Zum Essen sollten Sie auf jeden Fall zusätzlich Bier und Weißwein bereithalten. Als Wein paßt ein Riesling aus der Pfalz oder ein Silvaner aus Rheinhessen.

So wird's schneller!
- Für die Fliegenpilz-Tomaten fertigen Wurstsalat kaufen.
- Statt der Käsecreme für die Cracker fertigen Paprikaquark kaufen.
- Die Schinkenröllchen nicht mit Gelee überziehen.
- Die Eier nicht füllen, sondern nur halbieren und mit Krabben verzieren. Dazu etwa 50 g Krabben mit etwas Salz, Pfeffer und Zitronensaft kurz marinieren und mit Dillspitzen dekorativ auf die Eihälften verteilen.
- Für das Tutti-Frutti den Vanillequark fertig kaufen, gibt's im Kühlregal.

Zeitplan

2–3 Wochen vorher:	• Dekoration besorgen oder basteln. • Musik zusammenstellen.
2 Tage vorher:	• Hühnerbrühe kochen.
Am Vortag:	• Bufett und Bar aufbauen. • Käsecreme für die Cracker zubereiten. • Eier für die gefüllten Eier kochen. • Spargel schälen und kochen. • Reis und die Möhren für den Salat kochen. • Käse für die Cocktail-Spießchen in Würfel schneiden. • Vanillequark fürs Tutti-Frutti zubereiten. • Hühnerbrühe entfetten, das Hühnerfleisch schneiden.
Am Party-Tag:	• Pumpernickel-Türmchen zubereiten. • Cracker mit Käsecreme fertigstellen. • gefüllte Eier fertigstellen. • Fliegenpilz-Tomaten zubereiten. • Schinkenröllchen zubereiten. • Reissalat fertigstellen. • Cocktail-Spießchen fertigstellen. • Obstsalat fürs Tutti-Frutti zubereiten.
1–2 Stunden vor Party-Beginn:	• Dessert in Schüsseln schichten und verzieren. • Hühnerbrühe erhitzen und abschmecken. • Essen aufs Buffet stellen.

Deko-Ideen
Stilechtes Geschirr und Accessoires können Sie eventuell noch bei Eltern, Großeltern, Onkeln oder Tanten auftreiben, authentisches Design findet man auch ab und zu noch auf dem Flohmarkt, allerdings meist zu stolzen Preisen. Den typischen Nierentisch können Sie zum Beispiel ganz einfach mit einer Attrappe andeuten. Der Kunstgriff geht so: Einen Tisch mit farbiger Folie abdecken. Die Nierenform aus Pappe oder Folie in einer anderen Farbe zurechtschneiden und auf den Tisch legen – fertig. Tropfkerzen, auf bauchigen, bastumwickelten Chianti-Flaschen (vom Trödel) oder Tütenlampen verbreiten eine schummrige Atmosphäre. Überall auf den Tischen oder auf dem Buffet kleine, eventuell stilechte Schälchen mit Salzgebäck (Fische, Brezeln, Cracker und Salzstangen) und Feinsaurem (Cornichons, Silberzwiebeln, Maiskölbchen, Mixed Pickles) verteilen. Dazu sind die kleinen zweizinkigen Cocktail-Gäbelchen mit Holzgriffen ganz typisch. Die Wände können Sie entweder mit Star-Plakaten (Elvis Presley, Marilyn Monroe, James Dean) aus der Postergalerie oder auch mit emaillierten Reklametafeln (entweder alte vom Flohmarkt oder neue als Replikate aus der Postergalerie) verzieren.

Fliegenpilz-Tomaten

Zutaten für 15 Personen:
100 g tiefgekühlte Erbsen
Salz
350 g Schinken-Fleischwurst
1 Stück Salatgurke (etwa 100 g)
1 mittelgroßer grüner Apfel
1 Zwiebel
4 Eßl. Weißweinessig
schwarzer Pfeffer, frisch gemahlen
3 Teel. Senf
5 Eßl. Sonnenblumenöl
3 Eßl. Joghurt
2 Eßl. Petersilie, fein gehackt
15 große, feste Tomaten
Mayonnaise aus der Tube zum Garnieren

Ganz typisch

Zubereitungszeit: etwa 50 Minuten

1. Die Erbsen in kochendem Salzwasser etwa 2 Minuten garen, kalt abschrecken und gut abtropfen lassen.

2. Die Fleischwurst pellen. Die Gurke und den Apfel waschen, halbieren und entkernen. Die Wurst in schmale Streifen, die Gurke und den Apfel in kleine Würfel schneiden. Die Zwiebel schälen und fein hacken.

3. Aus dem Weißweinessig, Salz, Pfeffer, Senf, Öl und Joghurt eine Marinade rühren. Die Erbsen, die kleingeschnittenen Zutaten und die Petersilie unter die Marinade heben.

4. Die Tomaten waschen und abtrocknen. Von den Tomaten einen Deckel abschneiden, das Innere und die Kerne mit einem Löffel behutsam entfernen. Die Innenwände der ausgehöhlten Tomaten mit Salz und Pfeffer würzen.

5. Den Fleischwurstsalat nochmals abschmecken und die Tomaten gleichmäßig damit füllen. Die Tomatendeckel wieder aufsetzen und mit kleinen Mayonnaisetupfen verzieren.

Cracker mit Käsecreme

Zutaten für 15 Personen:
200 g Doppelrahm-Frischkäse
2 Eßl. scharfes Tomatenketchup
4 Eßl. Milch
2 Teel. Paprikapulver, edelsüß
Salz
weißer Pfeffer, frisch gemahlen
2 Eßl. Zitronensaft
2–3 Tropfen Tabascosauce
40 runde Cracker (etwa 120 g)
Außerdem:
Paprikapulver zum Bestäuben

Einfach

Zubereitungszeit: etwa 20 Minuten

Fliegenpilz-Tomaten (oben) und Cracker mit Käsecreme (unten) rufen Erinnerungen wach.

1. Den Frischkäse mit dem Tomatenketchup und der Milch zu einer spritzfähigen Creme verrühren. Die Käsecreme mit dem Paprikapulver, Salz, Pfeffer, etwas Zitronensaft und 2–3 Tropfen Tabasco abschmecken.

2. Die Creme in einen Spritzbeutel mit großer Sterntülle füllen, in großen Rosetten auf die Cracker spritzen, mit Folie abdecken und kalt stellen.

3. Die Cracker kurz vor dem Servieren mit einem Hauch gesiebtem Paprikapulver bestäuben.

Schinkenröllchen

Zutaten für 15 Personen:
30 Stangen weißer Spargel
30 Stangen grüner Spargel
Salz
1 Prise Zucker
1 Eßl. Butter
2 Eßl. Zitronensaft
50 g Crème fraîche
5 Eßl. gemischte Kräuter (Petersilie, Kerbel, Schnittlauch, Basilikum), fein geschnitten
3 Eßl. Orangensaft, frisch gepreßt
schwarzer Pfeffer, frisch gemahlen
30 gleich große Scheiben gekochter Schinken ohne Fettrand (etwa 600 g)
3 Blatt weiße Gelatine
2 Eßl. Weißwein

Schmeckt nur ganz frisch

Zubereitungszeit: etwa 1 ½ Stunden

1. Den weißen Spargel vom Kopf her nach unten sorgfältig schälen und holzige Enden abschneiden. Vom grünen Spargel nur das untere Drittel schälen und die Enden abschneiden.

2. Die weißen Spargelstangen in einem Topf knapp mit kochendem Wasser bedecken. Etwas Salz, den Zucker und die Butter hinzufügen. Den Spargel zugedeckt in 15–18 Minuten nicht zu weich garen.

3. Den grünen Spargel in kochendem Salzwasser mit dem Zitronensaft in knapp 10 Minuten bißfest garen.

4. Den gegarten Spargel aus dem Wasser heben und gut abtropfen lassen. Vom Kochwasser des weißen Spargels etwa ¼ l beiseite stellen. Die Spargelstangen quer halbieren.

5. Die Crème fraîche mit den Kräutern und dem Orangensaft verrühren und mit Salz und Pfeffer würzen.

6. Die Schinkenscheiben dünn mit der Kräutercreme bestreichen. Je 2 weiße und grüne Spargelhälften auf den Schinken legen und diesen vorsichtig aufrollen, eventuell mit Holzspießchen feststecken.

7. Die Gelatine etwa 5 Minuten in kaltem Wasser einweichen. Das Spargelwasser erhitzen, die ausgedrückte Gelatine darin unter Rühren auflösen, den Wein und etwas Salz hinzufügen. Das Gelee etwas abkühlen lassen, bis es zu gelieren beginnt.

8. Die Schinkenröllchen rundherum mit dem gelierenden Spargelwasser dünn bepinseln.

9. Wenn das Gelee fest ist (dauert etwa 30 Minuten), die Schinkenröllchen mit Frischhaltefolie abdecken und bis zum Servieren kalt stellen. Dazu in Dreiecke geschnittenes Toastbrot servieren.

Tip!
Die Schinkenröllchen nebeneinander auf eine große Platte legen, die mit gewaschenem und in Stücken gezupften Blattsalat ausgelegt ist. Neben die Platte ein Schüsselchen mit Essig-Öl-Marinade stellen, die man über den Salat träufeln kann.

Das ziert den Nierentisch ganz stilecht (von links nach rechts): Schinkenröllchen, gefüllte Eier (oben), Cocktail-Spießchen und Pumpernickel-Türmchen.

Gefüllte Eier

Zutaten für 15 Personen:
15 hartgekochte Eier
50 g Sahne
100 g gegarte Nordseekrabben
2 Bund Dill
Salz
weißer Pfeffer, frisch gemahlen
3–4 Eßl. Zitronensaft

Klassiker

Zubereitungszeit: etwa 40 Minuten

1. Die Eier schälen und an zwei gegenüberliegenden Längsseiten das Eiweiß an den Rundungen etwas abschneiden, damit sie nachher besser stehen.

2. Die Eier mit einem scharfen Messer längs halbieren und die Eigelbe herausnehmen. Die Eigelbe zerdrücken, mit der Sahne verrühren und durch ein grobes Sieb streichen.

Cocktail-Spießchen

3. Von den Krabben 15 Stück zum Garnieren beiseite stellen, den Rest grob hacken. Den Dill waschen, die Spitzen abzupfen. 15 kleine schöne Spitzen ebenfalls beiseite legen. Vom übrigen Dill etwa 2 Eßlöffel fein schneiden.

4. Die gehackten Krabben und den Dill unter die Eigelbmasse mischen und die Füllung mit Salz, Pfeffer und dem Zitronensaft abschmecken.

5. Die Krabben-Füllung mit Hilfe von zwei Teelöffeln in die Eierhälften verteilen. Dann mit je 1 Krabbe und 1 Dillspitze verzieren.

Zutaten für etwa 60 Spießchen:
je 1 etwa 2 cm dicke Scheibe Gouda, Emmentaler und Schafkäse
150 g Salatgurke
150 g kleine Cocktailtomaten
100 g blaue Trauben
1 Handvoll Kräuterblättchen (Petersilie, Basilikum, Kerbel, Brunnenkresse)
100 g kleine paprikagefüllte Oliven
15 Cornichons aus dem Glas (etwa 120 g)
60 kleine Holzspießchen oder bunte Cocktailsticker

Geht schnell

Zubereitungszeit: etwa 25 Minuten

1. Die Käsescheiben jeweils möglichst exakt in Würfel von etwa 2 x 2 cm Größe schneiden. Die Gurke waschen, zuerst in etwa ½ cm dicke Scheiben schneiden, dann vierteln. Die Tomaten und die Trauben waschen. Die Kräuterblättchen kurz abspülen. Die Oliven und die Cornichons abtropfen lassen.

2. Auf jeden Käsewürfel nun bunt gemischt jeweils 2 der vorbereiteten Zutaten spießen, dazwischen Kräuterblättchen stecken. Die Cocktail-Spießchen auf einer großen Platte anrichten.

Pumpernickel-Türmchen

Zutaten für 15 Personen:
150 g Gorgonzola
150 g Magerquark
75 g weiche Butter
Salz
schwarzer Pfeffer, frisch gemahlen
8 Scheiben Pumpernickel (etwa 500 g)

Geht schnell

Zubereitungszeit: etwa 20 Minuten
(dazu 1 Stunde Kühlzeit)

1. Den Gorgonzola mit einer Gabel zerdrücken, den Magerquark und die Butter darunterrühren. Die Mischung mit Salz und Pfeffer abschmecken.

2. Vom Brot 6 Scheiben gleichmäßig mit der Käsemischung bestreichen. Je 3 bestrichene Brote aufeinandersetzen, mit den restlichen 2 Brotscheiben abdecken und diese leicht andrücken.

3. Die Brotpäckchen in Folie wickeln und mindestens 1 Stunde kalt stellen.

4. Vor dem Servieren die Brotpäckchen mit einem scharfen Messer entweder in kleine quadratische Türmchen oder Dreiecke schneiden.

Tip!
Statt der Pumpernickelscheiben können Sie auch Pumpernickeltaler kaufen und jeweils 3 Taler mit der Käsemischung zusammensetzen.

Reissalat mit Hühnerfleisch

Zutaten für 15 Personen:
400 g Langkornreis (parboiled)
Salz
2 gegarte Poularden (aus der Hühnerbrühe, Rezept Seite 83)
300 g Möhren
250 g Cocktailtomaten
150 g kleine Champignons
2 Eßl. Zitronensaft
2 Dosen Mandarinen
(je etwa 150 g Abtropfgewicht)
300 g Joghurt-Mayonnaise
200 g saure Sahne
2 Bund Petersilie, fein gehackt
weißer Pfeffer, frisch gemahlen

Gelingt leicht

Zubereitungszeit: etwa 45 Minuten
(dazu 2 Stunden Marinierzeit)

1. Den Reis in einem großen Topf in reichlich Salzwasser in etwa 20 Minuten gerade gar kochen. Inzwischen vom Hühnerfleisch Haut und Knochen entfernen. Das Fleisch in kleine Stücke schneiden.

2. Den Reis abgießen und gut abtropfen lassen. Die Möhren schälen, waschen und in dünne Scheiben schneiden. In Salzwasser 3–4 Minuten blanchieren, abgießen, abschrecken und gut abtropfen lassen.

3. Die Tomaten waschen, abtrocknen und vierteln. Die Pilze mit Küchenpapier abreiben, putzen und in dünne Scheiben schneiden. Die Champignonscheiben sofort mit Zitronensaft vermischen, damit sie nicht braun werden.

4. Die Mandarinen in ein Sieb gießen und abtropfen lassen, den Saft dabei auffangen. Aus der Joghurt-Mayonnaise, der sauren Sahne und der Petersilie eine Sauce rühren und mit Salz, Pfeffer und Zitronensaft abschmecken.

Zwei Gerichte aus einer Grundzutat: Hühnerbrühe schmeckt mit einer kleinen, feinen Einlage, das Hähnchen wird zu einem köstlichen Reissalat verarbeitet.

5. In einer großen Schüssel den Reis, das Hühnerfleisch, die Möhren, die Tomaten, die Pilze, die Mandarinen und die Sauce zu einem Salat vermischen. Zugedeckt mindestens 2 Stunden durchziehen lassen.

6. Vor dem Servieren nochmals nachwürzen, und falls der Reissalat zu trocken ist, etwas heiße Hühnerbrühe oder Mandarinensaft unterrühren.

Hühnerbrühe mit Sherry

Zutaten für 15 Personen:
Für die Brühe:
1 große Zwiebel
2 Poularden (je etwa 1,2 kg)
1 Stange Lauch
150 g Knollensellerie
3 Möhren
1 Petersilienwurzel
1 kleiner Zweig Thymian
2 Lorbeerblätter
1 Eßl. weiße Pfefferkörner
Salz
Für die Einlage:
4 mittelgroße Möhren
Salz
schwarzer Pfeffer, frisch gemahlen
4–6 cl halbtrockener Sherry
(Amontillado)
4 Eßl. Schnittlauchröllchen

Gut vorzubereiten

Zubereitungszeit: etwa 30 Minuten
(dazu 1½ Stunden Kochzeit und Abkühlzeit über Nacht)

1. Die Zwiebel ungeschält halbieren. Mit den Schnittflächen nach unten in einem großen, gut 6–7 l fassenden Topf kräftig anrösten.

2. Die Poularden kalt abspülen. Das Gemüse waschen, putzen und grob zerschneiden. Das Geflügel, das Gemüse, den Thymian, die Lorbeerblätter, die Pfefferkörner, Salz und 5 l kaltes Wasser in den Topf geben. Alles einmal aufkochen, dann zugedeckt bei schwacher Hitze etwa 1½ Stunden sanft köcheln lassen.

3. Die Poularden aus der Brühe nehmen und für den Reissalat (Seite 82) verwenden. Die Brühe durch ein Sieb gießen und über Nacht kalt stellen.

4. Am nächsten Tag die Fettschicht der Brühe mit einer Schaumkelle abheben.

5. Die Hühnerbrühe aufkochen lassen. Die Möhren schälen, in Würfelchen schneiden und in der Brühe etwa 3 Minuten köcheln lassen. Die Suppe mit Salz, Pfeffer und dem Sherry pikant abschmecken, mit dem Schnittlauch bestreut servieren.

Tutti-Frutti

Zutaten für 15 Personen:
Für den Vanillequark:
750 g Magerquark
2 Vanilleschoten
3 Päckchen Puddingpulver mit Vanillegeschmack
200 g Zucker
1 l Milch
Außerdem:
1 kg frische Früchte (Beeren, Aprikosen, Pfirsiche, Trauben)
1 kleines Glas Kaiserkirschen
(etwa 200 g Abtropfgewicht)
100 g Zucker
3–4 Eßl. Zitronensaft
250 g Mandelmakronen
(z. B. Amaretti)
1 Zweig Zitronenmelisse

Klassiker auf neue Art

Zubereitungszeit: etwa 45 Minuten
(dazu 1½ Stunden Marinier- und Kühlzeit)

1. Für den Vanillequark den Quark in ein Haarsieb schütten und gut abtropfen lassen. Die Vanilleschoten längs aufschlitzen und das Mark herauskratzen.

2. Das Puddingpulver mit dem Zucker und etwas Milch glattrühren. Die restliche Milch mit dem Vanillemark und

Lieblingsnachspeise der 50er-Jahre: Tutti-Frutti mit cremigem Vanillequark.

den -schoten in einem Topf aufkochen lassen. Die Vanilleschoten entfernen.

3. Das angerührte Puddingpulver in die kochende Milch schütten und unter Rühren einmal aufkochen lassen, dann vom Herd nehmen. Den Quark sofort unter den heißen Pudding mischen.

4. Den Vanillequark in eine große Schüssel füllen und abkühlen lassen.

5. Inzwischen das Obst waschen, putzen und in kleine Stücke schneiden. Mit dem Zucker und dem Zitronensaft vorsichtig vermengen und zugedeckt mindestens 30 Minuten ziehen lassen.

6. Zum Verzieren vom Obst ein paar schöne Stückchen und ein paar Mandelmakronen beiseite legen. Das Dessert in zwei große Schüsseln einschichten, dafür die Hälfte des Obstes in die Schüsseln verteilen. Darauf die Hälfte des Mandelgebäcks streuen. Jetzt die Hälfte des Vanillequarks in die Schüsseln geben. Die restlichen Zutaten ebenso einschichten.

7. Das Dessert mit den restlichen Obststückchen, Mandelmakronen und Zitronenmelisseblättchen dekorativ verzieren. Abgedeckt noch etwa 1 Stunde kalt stellen.

Einfach und köstlich: Golden Egg (hinten) und Southern Comfort Dry Manhattan (vorne).

Golden Egg

Zutaten für 1 Drink:
4 cl Orangensaft
2 cl Eierlikör
2 cl Triple sec Curaçao
1 cl Galliano
2 cl Sahne
5–6 Eiswürfel
Zum Garnieren:
Schokoladenpulver
Außerdem:
Shaker
Barsieb
1 gefrostetes Cocktailglas (Seite 18)

1. Orangensaft, Eierlikör, Triple sec, Galliano und Sahne mit den Eiswürfeln in den Shaker geben und 8–10 Sekunden kräftig schütteln.

2. Den Drink durch das Barsieb in das vorgekühlte Glas abseihen. Mit etwas Schokoladenpulver bestäubt servieren.

Southern Comfort Dry Manhattan

Zutaten für 1 Drink:
3 cl Martini Vermouth Extra Dry
3 cl Southern Comfort
6–8 Eiswürfel
1 Stück unbehandelte Zitronenschale
Außerdem:
Rührglas
Barlöffel
1 gefrostetes Cocktailglas (Seite 18)
Barsieb

1. Den Vermouth und den Southern Comfort mit den Eiswürfeln ins Rührglas geben und kurz und kräftig 5–6 Sekunden durchrühren.

2. Dann durch das Barsieb in das gefrostete Glas abseihen. Die Zitronenschale über dem Drink ausdrücken. Eventuell als Garnitur ins Glas geben.

Variante: Mirabelle Cocktail
3 cl Mirabellenbrand mit 3 cl Vermouth Bianco sowie 6–8 Eiswürfeln, wie oben beschrieben, verrühren, abseihen und servieren.

Grasshopper

Zutaten für 1 Drink:
3 cl Sahne
3 cl Crème de Cacao, weiß
3 cl Crème de Menthe, grün
5–6 Eiswürfel
Außerdem:
Shaker
Barsieb
1 gefrostetes Cocktailglas (Seite 18)

1. Die Sahne mit dem Crème de Cacao, dem Crème de Menthe und den Eiswürfeln in den Shaker geben und 8–10 Sekunden kräftig schütteln.

2. Den Drink durch das Barsieb in das vorgekühlte Cocktailglas abseihen und servieren.

Blue Lady

Zutaten für 1 Drink:
3 cl Zitronensaft, frisch gepreßt
3 cl Gin
2 cl Curaçao Blue
2 cl Zuckersirup
5–6 Eiswürfel
Zum Garnieren:
1 Maraschinokirsche mit Stiel
Außerdem:
Shaker
Barsieb
1 gefrostetes Cocktailglas (Seite 18)

1. Den Zitronensaft mit dem Gin, dem Curaçao, dem Zuckersirup und den Eiswürfeln in den Shaker geben und 8–10 Sekunden kräftig schütteln.

2. Den Drink durch das Barsieb in das gefrostete Cocktailglas abseihen. Mit der Maraschinokirsche garniert servieren.

Farbenfroh und aromatisch: Grasshopper (links) und Blue Lady (rechts).

Black Maria

Zutaten für 1 Drink:
3 cl brauner Rum
2 cl Tia Maria
1 Barlöffel Zucker
1 Tasse kalter Kaffee
5–7 Eiswürfel
1 Stück unbehandelte Zitronenschale
Außerdem:
Rührglas
Barlöffel
1 gefrostetes Cocktailglas (Seite 18)
Barsieb

1. Den Rum mit dem Tia Maria, dem Zucker, dem Kaffee und den Eiswürfeln in ein Rührglas geben und gut verrühren.

2. Den Drink in das vorgekühlte Cocktailglas abseihen und mit der Zitronenschale garnieren.

Old Fashioned Cup
(alkoholfrei)

Zutaten für 1 Drink:
2 cl Zitronensaft, frisch gepreßt
1 cl Zuckersirup
4–5 Eiswürfel
gekühltes Ginger Ale zum Auffüllen
Zum Garnieren:
1 Apfel
2 Gurkenscheiben
2–3 Minzeblätter
Außerdem:
1 Cocktailglas
Barlöffel
Trinkhalm

1. Den Zitronensaft und den Zuckersirup mit den Eiswürfeln in das Glas geben, mit Ginger Ale aufgießen und alles kurz verrühren.

2. Den Apfel waschen, abtrocknen und mit dem Sparschäler die Schale mit etwas Fruchtfleisch spiralförmig abschälen. Die Gurkenscheiben in das Glas geben. Den Drink mit der Apfelspirale und der Minze garnieren und mit Trinkhalm servieren.

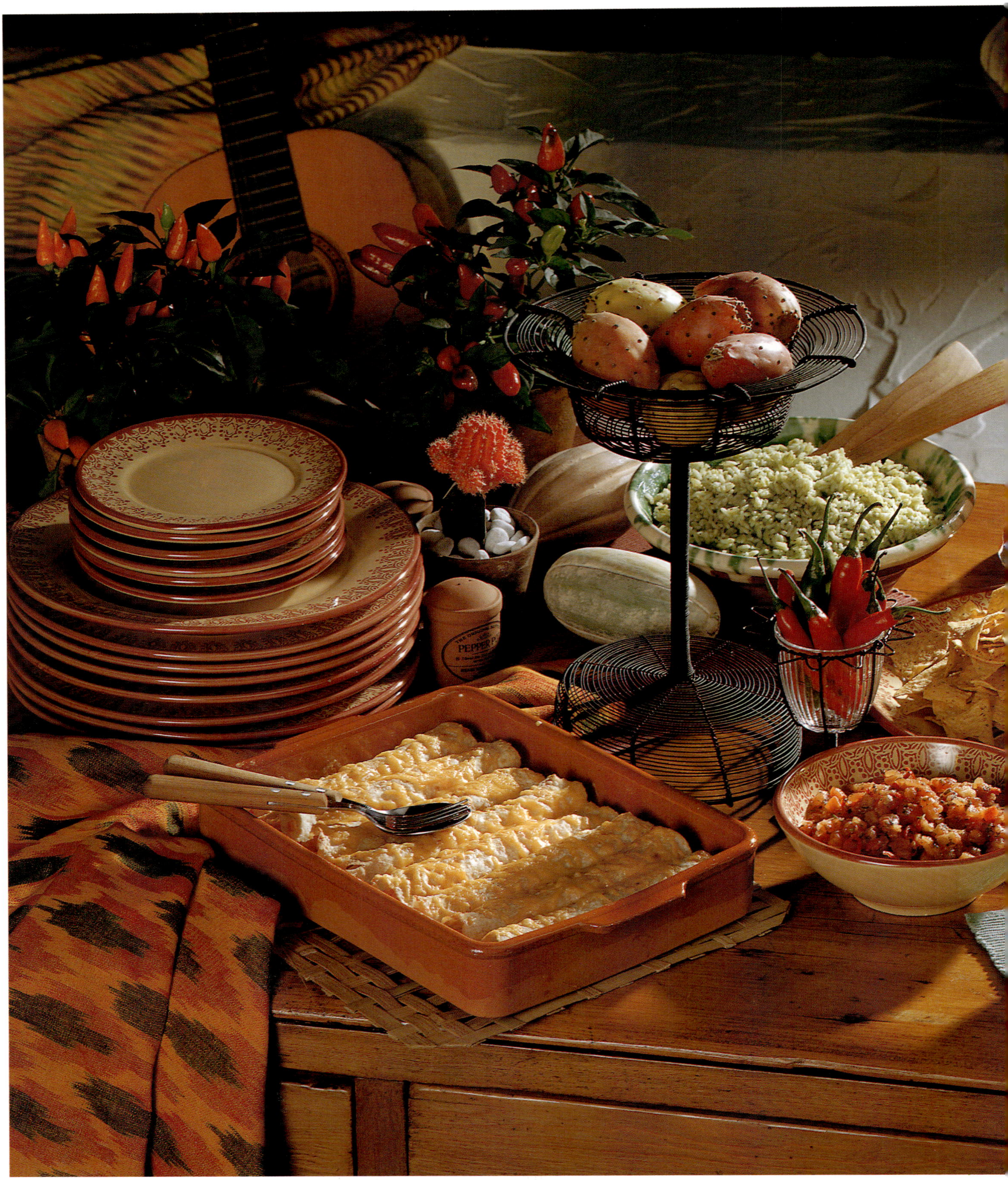

Fiesta mexicana

Party für 10 Personen

Holen Sie sich mexikanisches Temperament ins Haus, mit scharfen Gerichten, süffigen Tequila-Cocktails und fröhlichen Mariachi-Klängen. Zaubern Sie mit heiteren Farben mexikanisches Ambiente in Ihre vier Wände. So wird's eine Party wie geschaffen für neugierige Gäste. Startpunkt der kulinarischen Entdeckungsreise sind heiße Käse-Chips und ein fetziger Aperitif. Zur Wahl stehen fünf Drinks – mindestens einer davon ist ein Muß. Weiter geht's zum Knabberspaß mit zweierlei Dips und knusprigen Tortillachips. Die gefüllten Weizentortillas sind ebenso typisch wie der erfrischende Salat mit Avocados. Es folgt ein kräftigendes Chili con carne mit grünem Reis als Beilage. Die mexikanische Küche wird belebt und beflügelt durch die Schärfe der Chilischoten. Die ursprünglich verwendeten Sorten schmecken von mild über erträglich bis höllisch scharf. Im schlimmsten Fall verschlägt es einem erst die Sprache, dann treibt es einem die Tränen in die Augen. Chili brennt, aber – caramba – es ist ein herrliches Gefühl. Wer diesen Genuß nicht bis zum Ende auskosten möchte, sollte für sich und seine Gäste beim Zubereiten der Gerichte mildere Chilisorten bevorzugen. Spätestens aber beim erfrischenden Dessert sind alle Gaumenfeuer gelöscht und jeder freut sich auf einen letzten Drink.

Fiesta mexicana

Das gibt es
- Avocado-Dip »Guacamole«
- Feuriger Tomatendip
- Käse-Chips
- Weizentortillas
- Hähnchenfüllung für Tortillas
- Salat mit Avocados
- Chili con carne
- Grüner Reis
- Orangen mit Mandel-Rum-Sauce

Cocktails & Co.
- Sangria
- Margarita
- Lechthalers Sangrita (alkoholfrei)
- Strawberry Margarita frozen
- Tequila Sunrise

Zu den kräftig gewürzten mexikanischen Gerichten schmecken Bier und Wein gleichermaßen gut. Wenn Sie es perfekt machen wollen, servieren Sie die mexikanische Biersorte »Corona«. Ansonsten paßt natürlich auch jedes andere Bier dazu. Für Weißweintrinker bietet sich ein Corbieres aus Frankreich an, für Freunde des Roten ein leichter Wein aus dem Chianti.

So wird's schneller!
- Statt die Saucen zum Dippen selbst zu machen, fertige aus dem Glas kaufen. Es gibt sie von mild bis extra scharf in guter Qualität.
- Für die gefüllten Weizentortillas die Tortillas als Fertigprodukt (weiche, in der Vakuumverpackung) kaufen.
- Beim Dessert für die Sauce eine Vanillesauce aus Milch und Vanillesaucenpulver kochen, dann mit Marzipan und Rum vermischen.

Zeitplan

1 Woche vorher:
- Dekoration besorgen bzw. basteln.
- Musik zusammenstellen.
- Weizentortillas zubereiten und einfrieren.

Am Vortag:
- Buffet und Bar aufbauen.
- Feurige Tomatensauce zubereiten.
- Chili con carne herstellen.
- Mandel-Rum-Sauce für das Dessert zubereiten.

Am Party-Tag:
- Tische decken und alles dekorieren.
- Weizentortillas auftauen.
- Orangen mit Mandel-Rum-Sauce fertigstellen.
- Avocadosauce zubereiten.
- Füllung für Weizentortillas zubereiten, Tortillas fertigstellen (bis zum Backen).

1–2 Stunden vor Eintreffen der Gäste:
- Salat mit Avocados zubereiten.
- Grünen Reis zubereiten.
- Chili con carne erhitzen.
- Käse-Chips vorbereiten.
- Das Essen aufs Buffet stellen.

Wenn die Gäste kommen:
- Käse-Chips backen.
- Gefüllte Weizentortillas überbacken.

Deko-Ideen

Die Fiesta mexicana tendiert eher zum rustikalen Ambiente. Besonders typisch wirken Geschirr und Tischtücher in Erdtönen wie zum Beispiel hellem Beige, tiefem Grün, sattem Rot und kräftigem Gelb; entweder einfarbig oder mit Mustern im Ethno-Look. Wenn Sie unempfindliche Holztische haben, darf das Geschirr auch gleich auf der Tischplatte stehen. Rustikal anmutende Tischdecken können Sie ganz einfach aus geflochteter Bastmatte (Gartencenter oder Kaufhaus) herstellen. Dafür die Matten in den entsprechenden Größen zuschneiden. Schablonen (aus Pappe) zum Beispiel in Kakteenformen anfertigen und mit Bastelfarbe auf die Bastmatte übertragen. Zum Schluß die Schnittkanten an den Bastmatten etwas ausfransen. Falls Sie etwas feinere Tischtücher selber machen wollen: Einfarbigen, preiswerten Stoff mit schlichten graphischen Mustern per Kartoffeldruck verzieren oder mit Stoffarben bemalen. Papierservietten mit ungewöhnlichen Motiven wie einer goldenen Sonne oder Bilderschrift-Zeichen verstärken das mexikanische Flair. Schön als Zierde für Tische und Buffet sind echte Mini-Kakteen in kleinen, farbigen Tontöpfen. Oder Sie schneiden aus feingerippter Wellpappe die Umrisse von Kakteen aus und bemalen sie mit blaugrüner Bastelfarbe. Die stacheligen Pflänzchen gibt es im Kleinformat auch aus Holz und Wachs, in Kerzenform und größer sogar als Lampe. Eine ganz andere Idee: Legen Sie aus verschiedenfarbigen getrockneten Bohnen, gelben Maiskörnern und polierten Chilischoten bunte Muster als Dekoration auf die Tische. So ein Musterausschnitt eignet sich, aufgeklebt auf einen farbigen Karton, auch wunderbar als Einladungskarte.

Tips!

- Wenn Sie für die Rezepte frische Chilischoten verwenden, können Sie sich entweder für die mittelscharfen Sorten aus Italien oder der Türkei oder für die schärferen asiatischen Varianten entscheiden. Grundregel: Je kleiner die Schote, desto schärfer! Essen Sie gerne scharf, dann lassen Sie die Kerne einfach in den Schoten. Wenn es milder werden soll, die Kerne entfernen. Beim Putzen von Chilischoten am besten Gummihandschuhe tragen und mit den Händen nicht in die Nähe der Augen kommen. Anschließend die Hände gründlich waschen.
- Die Gerichte sind von ihrer Schärfe her auf mitteleuropäische Gaumen abgestimmt. Stellen Sie für Gäste, die es echt mexikanisch mögen, Chilipulver und etxtrascharfe Saucen zum Nachwürzen mit aufs Buffet.
- In Supermärkten, Lebensmittelabteilungen der Kaufhäuser oder Feinkostläden finden Sie die wichtigsten Zutaten für die mexikanischen Gerichte. Vor allem Tortilla-Chips zum Dippen oder Knabbern, füllfertige und weiche Tortillas in der Vakuumverpackung, milde und scharfe Saucen, knusprige Taco-Schalen zum Füllen, Gewürzmischungen und eingelegte Jalapeno-Pfefferschoten.

Farbenfroh, aber eher rustikal sollte die Dekoration für das mexikanische Fest sein!

Avocado-Dip »Guacamole«

Zutaten für 10 Personen:
½ kleiner Zucchino
1–2 kleine frische rote Chilischoten
3–5 Stengel Koriander (ersatzweise
½ Teel. gemahlener Koriander)
2 große reife Avocados
3–4 Eßl. Limettensaft
2 Eßl. Olivenöl
Salz
weißer Pfeffer, frisch gemahlen
100–150 g Tortilla-Chips

Berühmtes Rezept

Zubereitungszeit: etwa 20 Minuten

1. Den Zucchino waschen, putzen und mit Schale in möglichst kleine Würfelchen schneiden. Die Chilischoten waschen, halbieren, entkernen und fein hacken. 1 Eßlöffel Zucchiniwürfel und etwas von den Chilischoten zum Garnieren beiseite legen.

2. Den Koriander waschen und die Blättchen fein hacken. Die Avocados längs halbieren, die Steine entfernen. Das Fruchtfleisch mit einem Löffel aus den Hälften lösen. Zusammen mit dem Limettensaft mit einer Gabel fein zerdrücken.

3. Anschließend Zucchiniwürfel, Chilis, Koriander und das Öl gut mit der Avocadomasse vermischen. Den Dip mit Salz und Pfeffer abschmecken. In zwei Schälchen füllen und mit Chili- und Zucchiniwürfeln garnieren. Mit Tortilla-Chips servieren.

Tips!

Die Avocados schon rechtzeitig kaufen, damit sie beim Zubereiten richtig reif sind, denn nur dann haben sie das typische Aroma. Eine Frucht ist reif, wenn das Fruchtfleisch schon bei leichtem Fingerdruck nachgibt.
Unreife Avocados in Zeitungspapier wickeln und bei Zimmertemperatur 2–5 Tage nachreifen lassen.
Wenn Sie den Dip vorbereiten wollen, die Avocadosteine aufheben. Füllen Sie den Dip mit den Avocadosteinen in eine Schüssel, das verhindert, daß er sich dunkel verfärbt. Bis zum Servieren zugedeckt kühl stellen.

Feuriger Tomatendip

Zutaten für 10 Personen:
600 g Fleischtomaten
2 kleine Zwiebeln
2 Knoblauchzehen
1 rote Paprikaschote
2 Jalapenos-Chilischoten (aus der Dose)
oder 2 kleine frische rote Chilischoten
2 Eßl. Tomatenmark
100 ml klare Gemüsebrühe
1 Prise Zucker
Salz
schwarzer Pfeffer, frisch gemahlen
1 Eßl. Petersilie, fein gehackt
100–150 g Tortilla-Chips

Gut vorzubereiten

Zubereitungszeit: etwa 40 Minuten
(dazu 1 Stunde Kühlzeit)

1. Die Fleischtomaten kurz in kochendes Wasser halten, eiskalt abschrecken und die Stengelansätze herausschneiden. Die Tomaten häuten, halbieren und entkernen, das Fruchtfleisch grob hacken. Die Zwiebeln und Knoblauchzehen schälen und klein würfeln.

2. Die Paprikaschote mit dem Sparschäler schälen, halbieren und entkernen. Die Hälften in kleine Stücke schneiden. Die Chilischoten aus der Dose klein würfeln oder die frischen putzen, längs aufschlitzen, entkernen und quer in feine Streifchen schneiden.

3. Die Tomaten, Zwiebeln, Knoblauch, Chili und Paprika in einen Topf füllen. Das Tomatenmark und die Gemüsebrühe hinzufügen. Alles aufkochen und offen bei schwacher Hitze in etwa 15 Minuten zu einer dicklichen Sauce köcheln lassen. Zum Schluß mit Zucker, Salz und Pfeffer abschmecken, die Petersilie daruntermischen.

4. Den Dip kalt werden lassen und eventuell nachwürzen. Zum Servieren in zwei Schälchen füllen. Die Tortilla-Chips zum Aufdippen dazustellen.

Käse-Chips

Zutaten für 10 Personen:
60 runde Tortilla-Chips
(geröstete Maischips, etwa 200 g)
100 g Gouda am Stück
100 g Mozzarella
2 Eßl. Petersilie, fein gehackt
Paprikapulver zum Bestäuben
Außerdem: Backpapier

Schnell

Zubereitungszeit: etwa 20 Minuten

1. Den Backofen auf 250° (Umluft 230°) vorheizen. Ein Backblech mit Backpapier auslegen und die Chips darauf ausbreiten.

2. Beide Käsesorten fein reiben, mit der Petersilie vermischen und auf die Chips streuen.

3. Die Chips im heißen Ofen (oben) 3–5 Minuten überbacken, bis der Käse schmilzt. Die Käse-Chips mit einem Hauch Paprikapulver bestäuben und heiß servieren.

Käse-Chips (unten) schmecken ▷ pur; einfache Maischips passen zum Avocado-Dip »Guacamole« (darüber) und zum feurigen Tomatendip (ganz oben) besonders gut.

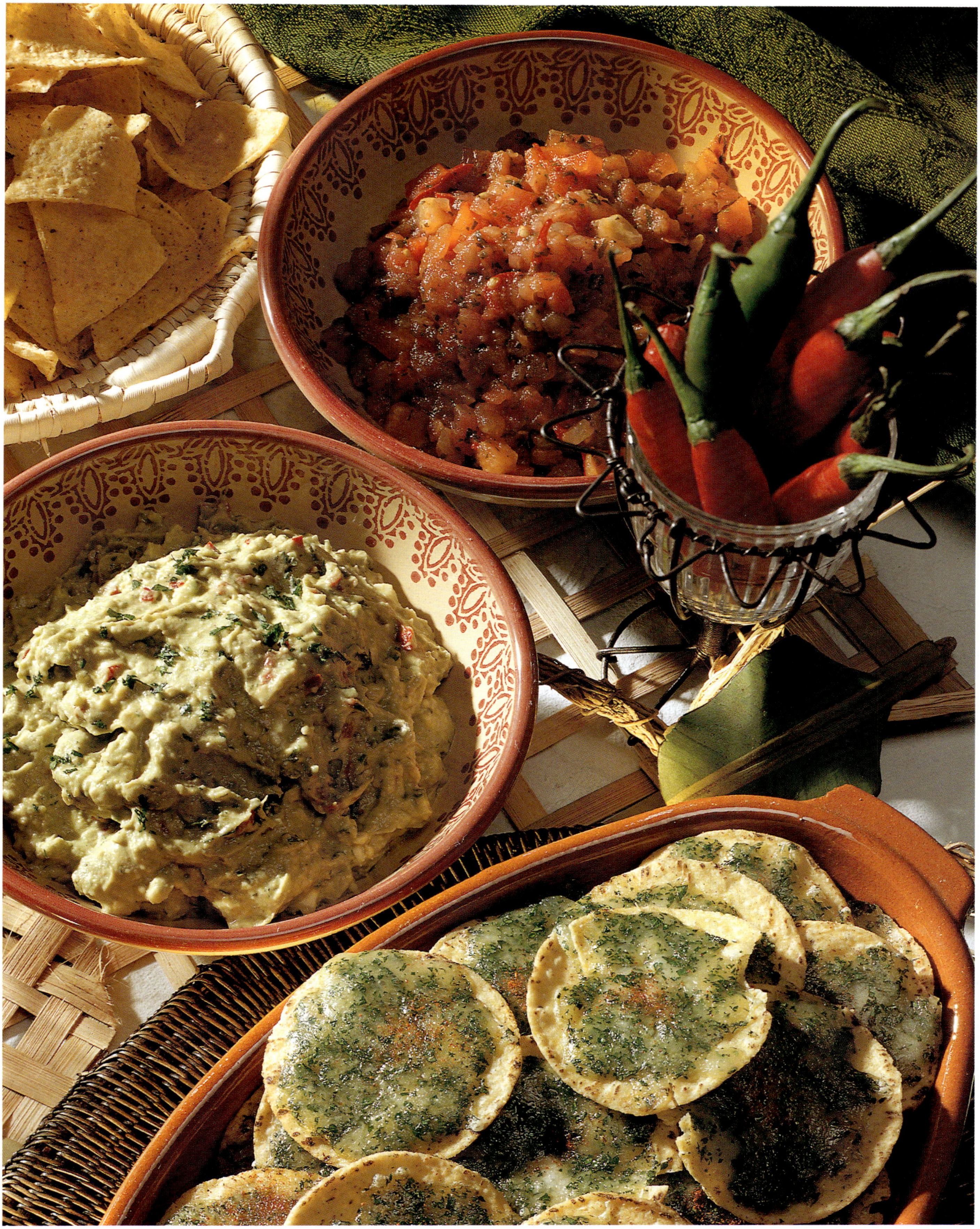

Weizentortillas schmecken pur, mit Hähnchenfüllung aber noch viel besser.

Tips!
Die ungebackenen Tortillas können Sie mitsamt dem Pergamentpapier in Plastikfolie wickeln und 1–2 Tage im Kühlschrank aufbewahren.
Die Fladen lassen sich aber gut auf Vorrat backen und einfrieren. Weil sie leicht brechen, am besten in einer festen Schachtel mit einer Lage Pergamentpapier zwischen den einzelnen Fladen, verpacken.
Nach dem Auftauen zum Heißwerden noch mal kurz in den 50° heißen Backofen schieben.
Zum Füllen die heißen Tortillas wie links beschrieben verarbeiten. Ungefüllte Tortillas werden zu vielen Gerichten auch wie Brot als Beilage gegessen. Dann schlägt man die knusprigen Fladen, frisch aus der Pfanne, zum Warmhalten am besten in eine Serviette ein.

Weizentortillas

Zutaten für etwa 16 Stück:
350 g Weizenmehl
2 Teel. Salz
Außerdem: Mehl zum Ausrollen
Pergamentpapier
beschichtete Pfanne zum Backen

Läßt sich gut vorbereiten

Zubereitungszeit: etwa 45 Minuten

1. Das Mehl mit dem Salz in einer Schüssel vermischen. Dann unter ständigem Rühren langsam 200 ml lauwarmes Wasser hinzugießen.

2. Den Teig anschließend mit den Händen so lange kneten, bis er geschmeidig ist und nicht mehr klebt. Abgedeckt etwa 15 Minuten ruhen lassen.

3. Den Teig zu einer Rolle formen und in 16 gleich große Stücke teilen. Jedes Teigstück auf einer bemehlten Arbeitsfläche zu einem dünnen runden Fladen von etwa 15 cm Durchmesser ausrollen und jeweils zwischen Pergamentpapier stapeln.

4. Die Tortillas in einer beschichteten Pfanne ohne Fettzugabe bei mittlerer Hitze auf jeder Seite etwa 1 Minute backen. Wenn sich der Teig bläht, behutsam mit einem Pfannenwender auf den Boden drücken, damit die Fladen gleichmäßig garen. Die Tortillas sind gar und fertig, wenn sie goldbraune Flecken bekommen.

5. Zum Füllen die fertigen Tortillas zwischen Pergamentpapier legen und in feuchte Küchentücher einschlagen, damit sie weich und formbar werden.

Hähnchenfüllung für Tortillas

Zutaten für etwa 16 Tortillas von etwa 15 cm ⌀:
½ l Gemüsebrühe
500 g Hähnchenbrustfilets
5 Tomaten
2 kleine Zwiebeln
3 Möhren
100 g Cheddar
2 Knoblauchzehen
150 g Crème fraîche
Salz
schwarzer Pfeffer, frisch gemahlen
16 Weizentortillas (Rezept links)
Außerdem: Fett für die Form

Gelingt leicht

Zubereitungszeit: etwa 40 Minuten

1. Die Gemüsebrühe zum Kochen bringen. Das Hähnchenfleisch hineingeben und zugedeckt in etwa 20 Minuten bei schwacher Hitze gar ziehen lassen.

2. Inzwischen die Tomaten überbrühen, kalt abschrecken und die Stielansätze herausschneiden. Tomaten häuten, halbieren und entkernen. Das Fruchtfleisch grob hacken.

3. Die Zwiebeln schälen und fein würfeln. Die Möhren putzen und ebenfalls klein würfeln. Die Möhrenwürfel etwa 2 Minuten mit in die köchelnde Gemüsebrühe geben. Anschließend herausheben und abtropfen lassen. Den Käse grob raspeln.

4. Die Knoblauchzehen schälen und durch die Presse zur Crème fraîche drücken. Die Knoblauchcreme mit Salz und Pfeffer würzen.

5. Das Hähnchenfleisch aus der Brühe heben und leicht abgekühlt in kleine Stücke schneiden. Mit der Hälfte des Käses und allen anderen Zutaten unter die Knoblauchcreme mischen. Den Backofen auf 220° vorheizen.

6. Je 1 gehäuften Eßlöffel Füllung auf einem Fladen verteilen und die Tortillas zusammenrollen.

7. Die Tortillas nebeneinander in eine gefettete feuerfeste Form oder auf ein Backblech legen und mit dem restlichen Käse bestreuen. Dann im heißen Ofen (Mitte; Umluft 200°) etwa 15 Minuten überbacken, bis der Käse schmilzt. Möglichst heiß servieren.

Salat mit Avocados

Zutaten für 10 Personen:
750 g kleine Tomaten
1 Salatgurke
1 kleiner Kopf Eisbergsalat
1 Dose Maiskörner (285 g Abtropfgewicht)
2 reife Avocados
3–4 Eßl. Zitronensaft
3 Eßl. Weißweinessig
1 Prise Cayennepfeffer
1 Prise Zucker
5 Eßl. Olivenöl
3 Frühlingszwiebeln
200 g saure Sahne

Erfrischend

Zubereitungszeit: etwa 30 Minuten

1. Die Tomaten waschen, abtrocknen und vierteln. Die Salatgurke waschen, längs halbieren, mit einem Löffel entkernen und in dünne Scheiben schneiden. Den Salat putzen, vierteln, waschen und streifig schneiden.

2. Die Maiskörner in ein Sieb geben und abtropfen lassen. Die Avocados schälen, längs halbieren, den Kern entfernen und das Fruchtfleisch quer in etwa ½ cm dicke Scheiben schneiden. Die Avocadoscheiben sofort mit Zitronensaft beträufeln, damit sie sich nicht dunkel färben.

3. Aus Weißweinessig, Cayennepfeffer, Zucker und Olivenöl eine Marinade rühren. In einer großen Salatschüssel Tomaten, Gurke, Eisbergsalat, Maiskörner und Avocados mischen. Die Marinade unter die Zutaten heben.

4. Die Frühlingszwiebeln putzen, in sehr feine Scheibchen schneiden und unter die saure Sahne rühren. Die Sahne als Kleckse auf dem Salat verteilen oder getrennt dazu reichen.

Variante

Als witzige Variante kann man den Salat auch – wie auf dem Foto – in Taco-Shells füllen. Die knusprigen Schalen aus Maismehl gibt es fertig zu kaufen. Man kann sie kalt füllen oder zuerst im Backofen bei 175° (Umluft 155°) in 2–3 Minuten erwärmen. Dabei immer mit der offenen Seite nach unten auf das Backblech setzen, damit sie sich nicht schließen.

Chili con carne

Zutaten für 10 Personen:
750 g Zwiebeln
4 Knoblauchzehen
4 Eßl. Olivenöl
1,5 kg Rinderhackfleisch
2–3 frische rote Chilischoten
(ersatzweise getrocknete)
1 Teel. getrockneter Oregano
1 Teel. getrockneter Thymian
2 Teel. Kreuzkümmel, gemahlen
Salz
schwarzer Pfeffer, frisch gemahlen
2 Dosen geschälte Tomaten
(je 480 g Abtropfgewicht)
etwa ¾ l Fleischbrühe
2 Dosen Kidneybohnen
(je 250 g Abtropfgewicht)
2 rote Paprikaschoten
3 Frühlingszwiebeln
Cayennepfeffer

Deftig

Zubereitungszeit: etwa 1 Stunde
(dazu 1½ Stunden Garzeit)

1. Die Zwiebeln und die Knoblauchzehen schälen. Die Zwiebeln fein würfeln, den Knoblauch in Scheiben schneiden. Beides in einer großen Kasserolle in 2 Eßlöffeln Öl unter Rühren goldgelb andünsten, herausheben und beiseite stellen.

2. Das restliche Öl in der Kasserolle erhitzen und das Hackfleisch darin portionsweise kräftig anbraten. Die Zwiebel-Knoblauch-Mischung untermengen.

3. Die Chilischoten entstielen, längs halbieren und entkernen. Danach die Hände sehr gründlich waschen. Zusammen mit dem Oregano, dem Thymian, dem Kreuzkümmel, etwas Salz, Pfeffer, den Tomaten samt Saft und ½ l Fleischbrühe zum Hackfleisch in die Kasserolle geben.

4. Alles gründlich vermischen, aufkochen und zugedeckt bei schwacher Hitze zunächst etwa 1 Stunde köcheln lassen. Falls nötig, nach und nach immer wieder etwas Brühe dazugießen, damit der Eintopf sämig bleibt.

5. Die Bohnen in ein Sieb gießen, kalt abspülen und abtropfen lassen. Die Paprikaschoten vierteln, putzen, waschen und quer in Streifen schneiden. Bohnen und Paprika unter den Eintopf mischen, das Ganze in weiteren 30 Minuten fertiggaren.

6. Die Frühlingszwiebeln putzen und in feine Ringe schneiden. Den Chili con carne mit Salz und Cayennepfeffer abschmecken und mit den Zwiebelringen bestreuen. Dazu schmeckt der Grüne Reis (Rezept Seite 95).

Zum feurigen Chili con carne paßt grüner Reis besonders gut.

Grüner Reis

Zutaten für 10 Personen:
2 grüne Paprikaschoten
1 frische grüne Chilischote
2 Bund Frühlingszwiebeln
2–3 Knoblauchzehen
5 Eßl. Öl
¾ l Fleischbrühe
Salz
weißer Pfeffer, frisch gemahlen
750 g Langkornreis
1 Bund Koriander (ersatzweise Petersilie)

Preiswert

Zubereitungszeit: etwa 1 Stunde

1. Die Paprikaschoten und die Chilischote vierteln, entkernen und würfeln. Die Frühlingszwiebeln waschen, putzen und in Ringe schneiden. Die Knoblauchzehen schälen und sehr fein hacken.

2. In einem Topf 2 Eßlöffel Öl erhitzen. Paprika, Chili, Zwiebeln und Knoblauch darin kurz anbraten. Mit 100 ml Fleischbrühe ablöschen und zugedeckt bei schwacher Hitze etwa 15 Minuten dünsten. Salzen, pfeffern und anschließend im Mixer oder mit dem Schneidstab des Handrührers pürieren.

3. In einem größeren Topf den Reis im restlichen Öl andünsten. Das grüne Püree und die übrige Fleischbrühe unter den Reis rühren und einmal aufkochen. Dann zugedeckt bei schwacher Hitze in etwa 20 Minuten körnig ausquellen lassen, dabei ab und zu behutsam umrühren.

4. Den Koriander waschen, trockenschütteln, fein schneiden und unter den Reis heben. Den grünen Reis mit Salz und Pfeffer abschmecken.

Orangen mit Mandel-Rum-Sauce

Zutaten für 15 Personen:
Für die Sauce:
1 Eßl. Speisestärke
½ l Milch
2 Eigelb
½ Vanilleschote
50 g Zucker
150 g Marzipanrohmasse
2 cl weißer Rum
Außerdem:
12 kleine Orangen
Saft und abgeriebene Schale von
1 Limette
50 g Zucker
Minzeblättchen zum Garnieren

Gut vorzubereiten

Zubereitungszeit: etwa 50 Minuten

1. Für die Sauce die Speisestärke mit etwas Milch und den Eigelben glattrühren und beiseite stellen. Die Vanilleschote mit einem scharfen Messer aufschlitzen, das Mark herauskratzen.

2. In einem Topf die restliche Milch mit der Vanilleschote und dem -mark aufkochen, vom Herd nehmen und etwa 10 Minuten ziehen lassen.

3. Anschließend den Zucker zur Milch geben und wieder erhitzen. Die Stärke-Eigelb-Mischung unter Rühren hineingießen. Unter weiterem Rühren einige Male aufwallen lassen.

4. Die Sauce unter gelegentlichem Rühren etwas abkühlen lassen, dann die Vanilleschote entfernen.

5. Die Marzipanrohmasse in Stücke schneiden, mit einer Gabel zerdrücken und mit etwas Vanillecreme glattrühren. Die restliche Creme untermischen, mit Rum abschmecken.

6. Die Orangen schälen, dabei die weiße Haut völlig entfernen. Die Orangen in etwa ½ cm dicke Scheiben schneiden, den dabei austretenden Saft auffangen.

7. In einem Töpfchen den Zucker, 50 ml Wasser und den Limettensaft unter Rühren köcheln, bis sich der Zucker ganz aufgelöst hat. Die Limettenschale hinzufügen und etwa 1 Minute mitkochen lassen.

8. Diesen Sirup mit dem Orangensaft vermischen und etwas abgekühlt über die Orangenscheiben gießen.

9. Zum Servieren die Orangenscheiben auf einer großen flachen Platte anrichten. Die Mandel-Rum-Sauce mit Minzeblättchen garniert dazu reichen.

Sangria ist fast ein Muß für die mexikanische Party!

Lechthalers Sangrita
(alkoholfrei)

Zutaten für 1 Drink:
8 cl Sangrita (ohne Alkohol)
12 cl doppeltstarke Rinderbrühe (Consommé double)
eventuell Pfeffer, frisch gemahlen
2–3 Eiswürfel
2 Gurkenscheiben
Außerdem:
1 gefrostetes Cocktailglas (Seite 18)
Barlöffel

1. Den Sangrita mit der Rinderbrühe, eventuell dem Pfeffer und den Eiswürfeln in das gefrostete Glas geben. Alles mit dem Barlöffel gut verrühren. Die Gurkenscheiben einschneiden und an den Glasrand stecken.

Tips!
Wer möchte, kann auch 1 Selleriestange dazu servieren.
Feuriger schmeckt der Drink mit 1 Schuß Tequila.

Sangria

Zutaten für 4 Personen:
3 unbehandelte Zitronen
3 unbehandelte Orangen
2 Äpfel
2 Flaschen Rotwein
(möglichst spanischer; je 0,7 l)
4 cl Zuckersirup
16 cl Orangensaft, frisch gepreßt
8 cl Brandy
8 cl Triple Sec Curaçao

1. Die Zitronen und die Orangen gründlich waschen und gut abtrocknen. Dann mit der Schale in Scheiben schneiden. Die Äpfel waschen, vierteln, vom Kerngehäuse befreien und in Würfel schneiden.

2. Die Früchte in eine Karaffe geben und mit dem Rotwein begießen. Mit dem Zuckersirup süßen. Den Orangensaft, dann den Brandy und den Triple sec Curaçao dazugießen.

3. Alles kurz verrühren, dann zugedeckt mindestens 2–3 Stunden an einem kühlen Ort ziehen lassen. Die Sangria in Weingläsern servieren.

Tip!
Sangria schmeckt nur gekühlt. Also die Karaffe am besten in eine Schüssel mit gestoßenem Eis setzen. Sie sollten aber keine Eiswürfel hineingeben, sonst schmeckt die Sangria wäßrig.

Margarita

Zutaten für 1 Drink:
3 cl Limettensaft, frisch gepreßt
2 cl Triple Sec Curaçao
5 cl weißer Tequila
4–5 Eßl. zerstoßenes Eis
feines Salz
Außerdem:
Blender
1 gefrostetes Cocktailglas (Seite 18)
Barsieb

1. Den Limettensaft mit dem Triple Sec, dem Tequila und dem zerstoßenen Eis im Blender kräftig durchmixen.

2. Den Glasrand leicht befeuchten und in das feine Salz tauchen (feiner Salzrand, Seite 19). Die Margarita durch das Barsieb in das vorgekühlte Cocktailglas abseihen. Servieren.

Variante
Frozen Margarita
3 cl frisch gepreßten Limettensaft mit 2 cl Triple Sec, 4–6 cl Tequila, 1 Prise Salz und 4–5 Eßlöffeln gestoßenem Eis im Mixer länger durchmixen. Den frozen Drink in ein gekühltes Cocktailglas (ohne Salzrand) gießen. Mit Trinkhalm servieren.

Fruchtige Drinks schmecken immer: Tequila Sunrise (links) und Strawberry Margarita frozen (rechts).

Strawberry Margarita frozen

Zutaten für 1 Drink:
4–5 Erdbeeren
2 cl Limettensaft, frisch gepreßt
1 cl Triple Sec
1 cl Erdbeersirup
6 cl weißer Tequila
1 Prise Salz
5–6 Eßl. zerstoßenes Eis
Außerdem:
Mixer
1 gefrostetes Cocktailglas (Seite 18)
Trinkhalm

1. Die Erdbeeren waschen, putzen und grob zerkleinern. Die Menge soll 5 Barlöffeln entsprechen.

2. Die Erdbeeren, den Limettensaft, den Triple Sec, den Erdbeersirup, den Tequila, Salz und das zerstoßene Eis im Mixer kräftig durchmixen.

3. Den Drink in das gekühlte Cocktailglas gießen und mit Trinkhalm servieren.

Tequila Sunrise

Zutaten für 1 Drink:
12 cl Orangensaft, frisch gepreßt
6 cl weißer Tequila
5–6 Eiswürfel für den Shaker
4–5 Eßl. zerstoßenes Eis für das Glas
1 cl Grenadinesirup
¼ Limette
Außerdem:
Shaker
1 Cocktailglas
Barsieb
Trinkhalm

1. Den Orangensaft und den Tequila mit den Eiswürfeln in den Shaker geben und 8–10 Sekunden kräftig schütteln.

2. Das zerstoßene Eis in das Glas geben. Den Drink durch das Barsieb darüber abseihen. Den Grenadinesirup darüber gießen. Das Limettenviertel über dem Drink auspressen, das Viertel hineingeben. Mit Trinkhalm servieren.

Lechthalers Sangrita (links) und Margarita (rechts) passen gut zum feurigen Essen.

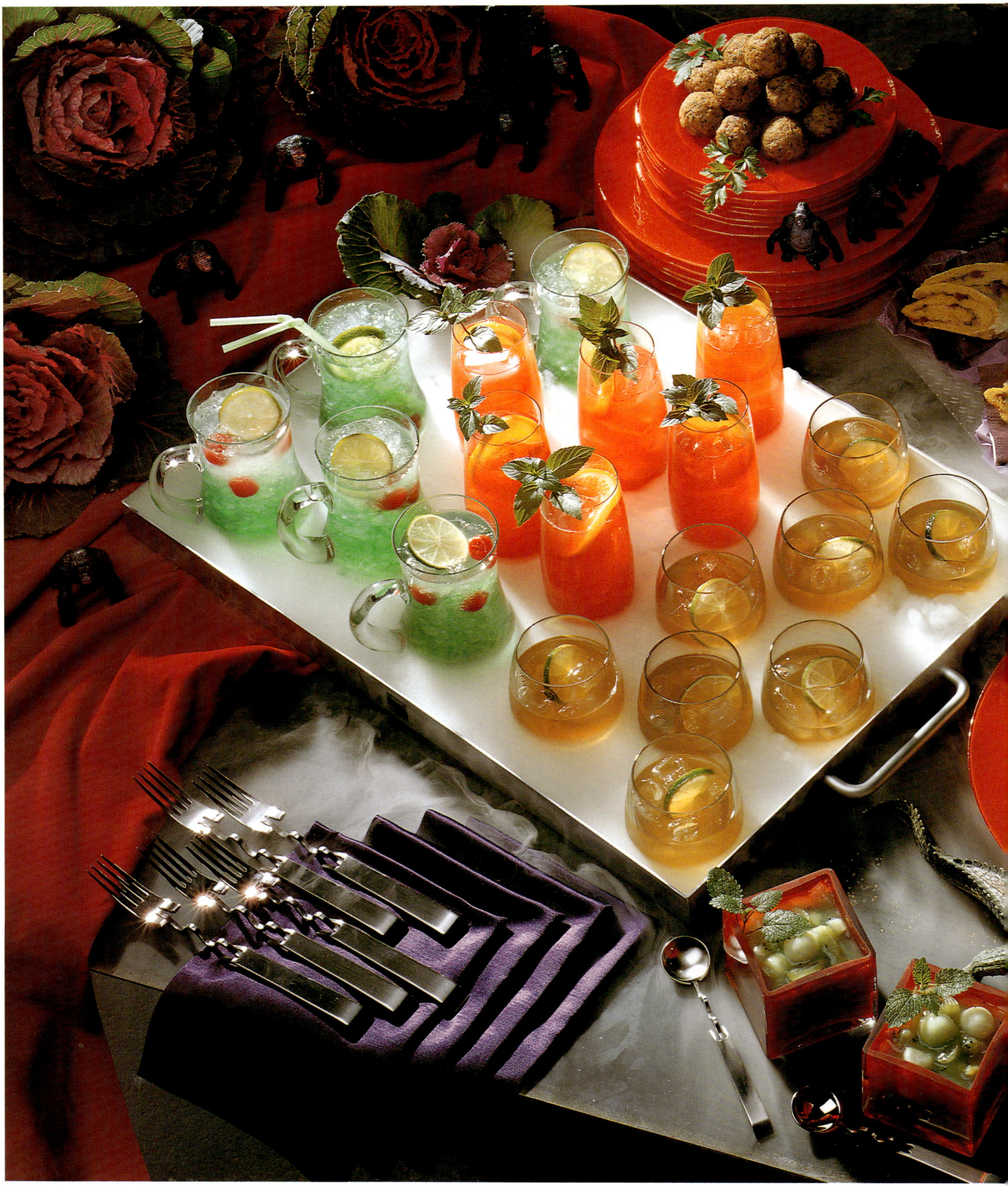

Crazy Party

Verrückte Feier für 20 Personen

Eine Fete ganz anderer Art ist die Crazy Party. Für alle, die es gerne mal ein bißchen oder auch sogar total verrückt mögen. Das fängt bei der Dekoration an und hört beim Essen und Trinken auf. Gründe für diese Party lassen sich viele finden. Nehmen wir zum Beispiel den Vollmond. Bevor Ihre Freunde diese Nacht schlaflos im Bett oder sogar schlafwandelnd auf den Dächern ihrer Stadt verbringen, bieten Sie ihnen als Alternative eine fröhliche Feier. Und Sie werden sehen, es gibt eine Menge Zeitgenossen, die in dieser hellen Nacht Ihrem Ruf folgen. Serviert wird ein Buffet mit Gerichten, die von der Optik und vom Geschmack her manchmal ein bißchen ungewöhnlich scheinen, aber himmlisch munden. So zum Beispiel Erdbeeren auf Senfsahne, Italienischer Kugelsalat, Garnelen in Reispapier oder eine total grüne Grütze. Die Cocktails mit so ausgefallenen Namen wie B 54 oder Cool Man stehen den Gerichten in nichts nach. Auch die Dekoration darf aus der Reihe fallen. Mit knalligem Geschirr und ein paar ungewöhnlichen Accessoires wie Gummi-Gorillas überraschen Sie alle!

Crazy Party

Das gibt es
- Erdbeeren auf Senfsahne
- Pfannkuchen-Lachs-Rolle
- Italienischer Kugelsalat
- Linsen-Hackbällchen mit rosa Sauce
- Garnelen in Reispapier
- Gefülltes Currybrot mit Kräuterbutter
- Grüne Grütze

Cocktails & Co.
- Horses Neck
- Cool Man
- B 54
- Red Bull Special (alkoholfrei)
- Cognac Gimlet

Alternativ zu den Cocktails paßt auch Weißwein gut zum Essen, zum Beispiel Soave Classico aus dem Veneto oder ein Sauvignon aus Friaul.

So wird's schneller!
- Den Lachs nicht in Pfannkuchen wickeln, sondern auf fertiggekauften und im Backofen erhitzten Kartoffelpuffern servieren.
- Statt vieler kleiner Hackfleischbällchen größere Buletten formen und braten.
- Das Currybrot ungefüllt backen (bei 200°; Umluft 180°, etwa 25 Minuten) und mit einem Tomatenchutney aus dem Glas servieren.

Zeitplan

1 Woche vorher:
- Dekoration besorgen.

Am Vortag:
- Buffet und Bar aufbauen.
- Tische und eventuell Wände dekorieren.
- Musik zusammenstellen.
- Pfannkuchen-Lachs-Rolle zubereiten, kühl stellen.
- Hackfleischbällchen und die Sauce herstellen.
- Füllung für das Currybrot und die Kräuterbutter herstellen.
- Grüne Grütze zubereiten.
- Hefeteig für das Currybrot zubereiten (über Nacht in den Kühlschrank stellen).

Am Party-Tag:
- Tische decken.
- Gefülltes Currybrot fertigstellen.
- Italienischen Kugelsalat zubereiten.
- Garnelen vorbereiten, die Ananasmischung zubereiten.

1–2 Stunden vor Eintreffen der Gäste:
- Pfannkuchen-Lachs-Rolle aufschneiden.
- Erdbeeren auf Senfsahne zubereiten.
- Garnelen mit der Ananasmischung in Reispapier packen.
- Eventuell: Hackfleischbällchen im Backofen erhitzen.
- Essen aufs Buffet stellen.

Während der Party:
- Garnelen fertigstellen.

Deko-Ideen

Rot und Silber bilden den Mittelpunkt der Dekoration und lassen die Farben des Essens und der Cocktails besonders gut zur Geltung kommen. Ein sattes Rot für Tischtücher und Geschirr bringt Wärme ins Ambiente. Für Kontrast sorgen Besteck, Schüsseln und Tabletts aus Edelstahl oder verchromtem Metall. Servietten in einem dunkel-violetten Ton unterstreichen das Farbspiel effektvoll. Wer mag, kann sich ein oder zwei große silberfarbene Metallplatten ausleihen oder kaufen, die aber unbedingt stabil sein sollten. Diese auf Böcke stellen – und fertig ist der Bufettunterbau. Wenn Sie die Platten mit rotem Stoff drappieren und zwischen das Essen witzige Accessoires verteilen, sieht es wirklich total crazy aus. Das können kleine Tierfiguren sein oder andere witzige Objekte. Auf Blumen sollten Sie hier verzichten, es sei denn, Sie finden total Ausgefallenes wie zum Beispiel Zierkohl in den passenden Tönen. Wenn Sie kein rotes Geschirr haben, können Sie natürlich auch andere Farbkombinationen oder ein buntes Durcheinander wählen, Ihrer Phantasie sind da keine Grenzen gesetzt. Allerdings – irgendwie verrückt sollte es schon sein.

Erdbeeren auf Senfsahne

Zutaten für etwa 80 Stück:
2 Blatt weiße Gelatine
200 g Sahne
2 Eßl. süßer Hausmacher Senf
40 kleine makellose Erdbeeren
(etwa 600 g)
80 Mini-Toasts (etwa 160 g)

Raffiniert

Zubereitungszeit: etwa 30 Minuten

1. Die Gelatine in kaltem Wasser etwa 5 Minuten einweichen, dann ausdrücken und in einem kleinen Topf im heißen Wasserbad unter Rühren flüssig werden lassen.

2. Die Sahne steif schlagen, die etwas abgekühlte Gelatine unterrühren. Dann den Senf unter die Sahne heben. Die Senfsahne zugedeckt etwa 15 Minuten kalt stellen.

3. Inzwischen die Erdbeeren mit dem Grün behutsam waschen und gut abtropfen lassen. Anschließend längs halbieren. Die Mini-Toasts nebeneinander auf einem Tablett oder einer großen Platte auslegen.

4. Auf jeden Mini-Toast 1–2 Teelöffel Senfsahne häufeln und mit 1 Erdbeerhälfte belegen. Die Toasts möglichst bald essen, eventuell abgedeckt noch kurz kalt stellen, damit die Senfsahne fest bleibt.

Tip!
Wenn Sie keine Mini-Toasts bekommen, nehmen Sie normalgroße Toastbrotscheiben. Diese toasten und in kleine Dreiecke oder Quadrate schneiden, so daß etwas Senfsahne und eine Erdbeerhälfte gerade darauf Platz haben.

Gorillas in Trockeneis, das ist schon ziemlich verrückt – und ein bißchen unheimlich.

Pfannkuchen-Lachs-Rolle

Zutaten für 20 Personen:
Für den Teig:
2 Eier
150 g Mehl
Salz
⅛ l Milch
⅛ l Wasser
2 Eßl. Öl oder Butterschmalz
Für die Füllung:
1 Bund Dill
3 Stengel Estragon
250 g Schmand (ersatzweise je zur Hälfte Crème fraîche und Joghurt)
½ Teel. Honig
1 Teel. Senf
Salz
weißer Pfeffer, frisch gemahlen
250 g Räucherlachs in dünnen Scheiben

Dekorativ

Zubereitungszeit: etwa 1 Stunde
(dazu 2½ Stunden Ruhezeit)

1. Für den Teig die Eier in einer Schüssel verquirlen. Das Mehl, etwas Salz und die Milch hinzufügen und mit einem Schneebesen glattrühren. Dann nach und nach so viel Wasser darunterrühren, bis der Teig dünnflüssig ist. Den Pfannkuchenteig etwa 30 Minuten ruhen lassen.

2. In einer beschichteten Pfanne von etwa 20 cm Durchmesser etwas Fett erhitzen. Aus einem Viertel der Teigmenge einen goldgelben Pfannkuchen backen. Im restlichen Fett aus dem übrigen Teig weitere 3 Pfannkuchen backen. Anschließend die Pfannkuchen auskühlen lassen.

3. Für die Füllung den Dill (bis auf ein paar schöne Spitzen zum Verzieren) und den Estragon waschen und fein schneiden. Die Kräuter, den Schmand, den Honig und den Senf kräftig miteinander verrühren. Die Creme mit Salz und Pfeffer würzen.

4. Jeden Pfannkuchen mit einem Viertel der Creme bestreichen. Die Räucherlachsscheiben gleichmäßig auf den Pfannkuchen verteilen. Jeden Pfannkuchen fest aufrollen und einzeln in Klarsichtfolie einwickeln. Die Rollen mindestens 2 Stunden (oder über Nacht) in den Kühlschrank legen.

5. Zum Anrichten die Rollen aus der Folie nehmen, mit einem scharfen Messer schräg in etwa 4 cm dicke Scheiben schneiden und mit den Dillspitzen auf einer Platte arrangieren.

Tip!

Falls Sie dem Pfannkuchen mehr Farbe verleihen wollen: Mit etwas Rote-Bete-Saft wird er rot, mit Safran oder Kurkuma (Gelbwurz) gelb und mit gehackten Kräutern oder Spinat grün.

Italienischer Kugelsalat

Zutaten für 20 Personen:
300 g tiefgekühlte Erbsen
750 g festkochende, ganz kleine Kartoffeln
1 Bund Frühlingszwiebeln
2 Stangen Staudensellerie
1 orangefleischige Melone
(z. B. Kantalup; etwa 700 g)
250 g Mini-Mozzarellakugeln
300 g kleine Cocktailtomaten
je 100 g kleine entsteinte schwarze und grüne Oliven
2 Eßl. Kapern nach Geschmack
1 Bund Petersilie
14 Eßl. Weißweinessig
Salz
schwarzer Pfeffer, frisch gemahlen
2 Teel. scharfer Senf
etwa 200 ml Olivenöl, kaltgepreßt
1 Bund Basilikum

Dekorativ

Zubereitungszeit: etwa 1 Stunde
(dazu 30 Minuten Marinierzeit)

1. Die Erbsen auftauen lassen. Die Kartoffeln in der Schale in wenig Wasser zugedeckt weich kochen.

2. Inzwischen die Frühlingszwiebeln und den Sellerie putzen, waschen und in feine Scheibchen schneiden.

3. Die Melone halbieren, entkernen und das Fruchtfleisch mit einem Kugelausstecher auslösen.

4. Die Kartoffeln pellen. Den Mozzarella abtropfen lassen. Die Tomaten waschen und abtrocknen.

5. In einer großen Schüssel die Erbsen, die Frühlingszwiebeln, den Sellerie, die Melone, die Kartoffeln, den Mozzarella, die Tomaten, die Oliven und die Kapern vermengen. Die Petersilie waschen und die Blättchen hacken, über das Gemüse streuen.

6. Weißweinessig, Salz, Pfeffer, Senf und Olivenöl zu einer Marinade verrühren, über die Salatzutaten gießen und unterheben. Den Salat zugedeckt etwa 30 Minuten ziehen lassen.

7. Kurz vor dem Servieren das Basilikum abspülen, die Blättchen grob zerzupfen und unter den Salat heben. Den Salat eventuell nochmals nachwürzen.

Tip!

Wenn Sie keine ganz kleinen Kartoffeln bekommen, kaufen Sie möglichst große, schälen Sie sie und stechen dann mit einem Ausstecher aus den rohen Kartoffeln Kugeln aus. Anschließend die Kartoffelkugeln in Salzwasser in etwa 15 Minuten gerade gar kochen. Anschließend abgießen und sehr gut abtropfen lassen.

Linsen-Hackbällchen mit rosa Sauce

Zutaten für 20 Personen:
Für die Bällchen:
2 Zwiebeln
200 g rote Linsen
400 ml Fleischbrühe
2 Bund Petersilie
1,5 kg gemischtes Hackfleisch
50 g Quark
3 Eier
1½ Teel. Kreuzkümmel, gemahlen
Salz
Cayennepfeffer
eventuell 4–5 Eßl. Semmelbrösel
4–6 Eßl. Öl zum Braten
Für die Sauce:
400 g Quark
400 g Joghurt
1–1½ Eßl. geriebener Meerrettich
(aus dem Glas)
2–3 Eßl. Rote-Bete-Saft
Salz
weißer Pfeffer, frisch gemahlen
2–4 Eßl. Zitronensaft

Gelingt leicht

Zubereitungszeit: etwa 1½ Stunden

1. Für die Bällchen die Zwiebeln schälen und fein hacken. Zusammen mit den Linsen und der Fleischbrühe in einem Topf aufkochen und zugedeckt bei schwacher Hitze etwa 10 Minuten leicht köcheln lassen. Die Linsen sollen weich sein, aber noch Biß haben.

2. Inzwischen für die Sauce in einer Schüssel den Quark, den Joghurt und 1 Eßlöffel Meerrettich glattrühren. So viel Rote Betesaft hinzufügen, daß die Sauce rosarot bis pinkfarben wird. Anschließend mit Salz, Pfeffer, Zitronensaft und eventuell noch etwas Meerrettich abschmecken.

3. Die Linsen abgießen, gut abtropfen lassen und in eine große Schüssel füllen. Die Petersilie (bis auf 3 Stengel) waschen und die Blättchen möglichst fein hacken.

4. Die Petersilie, das Hackfleisch, den Quark, die Eier, den Kreuzkümmel, Salz und etwas Cayennepfeffer in die Schüssel geben und das Ganze kräftig zu einem Teig verkneten. Falls der Teig zu weich ist, Semmelbrösel daruntermischen. Den Hackfleischteig sehr kräftig abschmecken (eventuell Probebällchen braten).

5. Aus dem Teig walnußgroße Bällchen formen und portionsweise im heißen Öl anbraten. Dann bei mittlerer Hitze in 6–8 Minuten rundherum fertigbraten, bis sie goldbraun sind.

Tip!

So können Sie die Bällchen anrichten: jeweils ein kleines Schälchen (aus farbigem Plastik oder notfalls Pappe) mit einem makellosen Salatblatt auslegen. Darauf jeweils ein paar Linsen-Hackbällchen und etwas von der rosa Sauce geben, mit Petersilie garnieren und ein buntes Mini-Gäbelchen hineinspießen.

Garnelen in Reispapier

Zutaten für etwa 40 Stück:
40 rohe Garnelen ohne Kopf,
frisch oder tiefgekühlt (etwa 750 g)
Salz
weißer Pfeffer, frisch gemahlen
3 Eßl. Zitronensaft
40 Reispapierblätter
(16 cm Ø, etwa 250 g, Asienladen)
50 g Kokosraspel
1 Ananas (etwa 1 kg)
3 kleine rote Chilischoten
1 Bund Petersilie
3 Teel. Sesamöl
2 Eier
1 l Pflanzenöl zum Fritieren
3 Eßl. Sojasauce

Raffiniert • Exotisch

Zubereitungszeit: etwa 1½ Stunden

1. Die Panzer der Garnelen ablösen, mit einem spitzen Messer die Rücken längs einschneiden und den dunklen Darm entfernen. Die Garnelen abspülen und gut trockentupfen. Anschließend mit Salz, Pfeffer und etwas Zitronensaft würzen.

2. Die Reispapierblätter zum Weichwerden nebeneinander zwischen nasse Küchenhandtücher legen.

3. Die Kokosraspel in einer Pfanne ohne Fettzugabe bei mittlerer Hitze unter Rühren hellgelb rösten. Die Ananas schälen und das Fruchtfleisch fein hacken, in ein Sieb geben und gut abtropfen lassen. Den Saft aufheben. Die Chilischoten längs aufschlitzen, die Kerne und Stiele entfernen. Die Schoten in sehr feine Ringe schneiden. Anschließend die Hände gut waschen.

4. Die Petersilie waschen und die Blättchen fein hacken. Die abgekühlten Kokosraspel mit dem Ananasfleisch, den Chilischoten, der Petersilie und dem Sesamöl vermengen.

5. Die Eier verquirlen und die Ränder der Reispapierblätter damit einpinseln. Auf die untere Hälfte der Blätter jeweils 1 Teelöffel Ananasmischung und 1 Garnele geben. Erst den unteren Teil, dann die Seiten der Blätter über der Füllung zusammenschlagen. Dann locker zu Päckchen formen, die Enden fest aneinander drücken.

6. Das Öl in einem breiten Topf erhitzen. Es ist heiß genug, wenn an einem hölzernen Kochlöffelstiel, den man ins heiße Fett taucht, kleine Bläschen aufsteigen. Die Garnelenpäckchen im Fett portionsweise in jeweils etwa 4 Minuten goldgelb und knusprig ausbacken. Mit einer Schaumkelle herausheben und auf Küchenpapier abtropfen lassen.

7. Die Sojasauce mit 12 Eßlöffeln Ananassaft verrühren und zu den warmen Garnelenpäckchen servieren.

Tips!
Die Päckchen nicht zu fest aufrollen, weil sie beim Fritieren sonst platzen könnten.
Wenn Sie kein Reispapier bekommen sollten, können Sie auch Frühlingsrollenteig nehmen, den es tiefgekühlt zu kaufen gibt.

Gefülltes Currybrot mit Kräuterbutter

Zutaten für 2 Brote von je etwa 500 g:
Für die Füllung:
1 Möhre
2 Zwiebeln
1–2 Knoblauchzehen
2 Stangen Staudensellerie
3 Eßl. Olivenöl
2 Teel. frische Thymianblättchen
1 Lorbeerblatt
Salz
schwarzer Pfeffer, frisch gemahlen
200 ml Gemüsebrühe
100 g getrocknete Tomaten
1–2 Eßl. Zitronensaft
Für das Brot:
1 Würfel frische Hefe (42 g)
oder 1½ Beutel Trockenhefe
500 g Mehl
Salz
½ Teel. Zucker
3 gestrichene Eßl. mildes Currypulver

Für die Kräuterbutter:
1 Bund gemischte Kräuter
250 g weiche Butter
1 Knoblauchzehe
Salz
schwarzer Pfeffer, frisch gemahlen
1–2 Eßl. Zitronensaft
Außerdem: Mehl zum Ausrollen
Backpapier

Raffiniert

Zubereitungszeit: etwa 1¾ Stunden
(dazu 45 Minuten Ruhezeit)

1. Für die Füllung die Möhre, die Zwiebeln und die Knoblauchzehen schälen und sehr fein würfeln. Den Sellerie putzen, waschen und ebenfalls fein würfeln. Das Gemüse mit den Zwiebeln und dem Knoblauch im Öl bei mittlerer Hitze unter Rühren etwa 5 Minuten dünsten.

2. Dann den Thymian, das Lorbeerblatt, etwas Salz und Pfeffer hinzufügen. Mit der Brühe ablöschen und etwa 30 Minuten weiter köcheln lassen. Die Tomaten würfeln und während der letzten 5 Minuten mitgaren.

3. Während das Gemüse köchelt, für den Teig die Hefe mit 300 ml lauwarmem Wasser verrühren. In einer Schüssel das Mehl mit 1 gestrichenem Teelöffel Salz, dem Zucker und dem Currypulver vermischen und die aufgelöste Hefe darunterrühren. Trockenhefe nach Packungsaufschrift verwenden. Den Teig kneten, bis er glatt und geschmeidig ist. Anschließend zugedeckt etwa 45 Minuten bei Zimmertemperatur gehen lassen.

4. Die Brotfüllung mit Salz, Pfeffer und Zitronensaft kräftig abschmecken. Abkühlen lassen.

5. Für die Kräuterbutter die Kräuter waschen, trockenschütteln und fein hacken, anschließend mit der weichen Butter verrühren. Den Knoblauch schälen, durch die Presse dazudrücken. Die Kräuterbutter mit Salz, Pfeffer und etwas Zitronensaft abschmecken. Bis zum Gebrauch zugedeckt kalt stellen.

◁ *Knuspriges Brot mit saftiger Füllung.*

▷ *Giftig grün und köstlich: Grütze aus grünen Früchten.*

6. Den Backofen auf 190° vorheizen. Den Teig halbieren. Jeweils eine Hälfte zu einem Rechteck von etwa 25 x 30 cm Größe ausrollen und mit Füllung bestreichen.

7. Die Teigplatten von der Längsseite her aufrollen und mit der Kante nach unten nebeneinander auf ein mit Backpapier ausgelegtes Blech legen.

8. Die Brote oben mehrmals tief einstechen. Im Ofen (Mitte; Umluft 170°) 30–35 Minuten backen, bis sie schön gebräunt sind. Dann abkühlen lassen.

9. Zum Servieren die gefüllten Brote in etwa 2 cm breite Scheiben schneiden und mit der Kräuterbutter bestreichen.

Tips!
Falls Sie getrocknete Tomaten nicht lose bekommen, nehmen Sie eingelegte aus dem Glas und lassen das Öl gut abtropfen. Oder nehmen Sie 750 g feste Fleischtomaten, enthäutet und grob gewürfelt, und lassen dann aber die Gemüsebrühe weg.
Den Hefeteig können Sie gut schon am Vorabend zubereiten und zum Gehen in einer genügend großen Schüssel zugedeckt über Nacht in den Kühlschrank stellen. Vor dem Ausrollen dann nochmals gut durchkneten.

Grüne Grütze

Zutaten für 20 Personen:
2 Ogenmelonen
750 g grüne Weintrauben
750 g grüne Stachelbeeren
10 Kiwis
½ l Apfelsaft
250 g Zucker
Schalenstücke von 1 unbehandelten Zitrone
100 g Speisestärke
4–5 Eßl. grüner Bananenlikör
4–6 Eßl. Zitronensaft
einige Zweige Zitronenmelisse zum Garnieren

Erfrischend

Zubereitungszeit: etwa 30 Minuten

1. Die Melonen halbieren und entkernen. Mit einem Kugelausstecher von ½ Melone Kugeln ausstechen und zugedeckt beiseite stellen. Das übrige Fruchtfleisch auslösen, in Stücke schneiden und im Mixer oder mit dem Pürierstab fein pürieren.

2. Die Weintrauben waschen, halbieren und entkernen. Die Stachelbeeren putzen und waschen. Die Kiwis schälen, längs halbieren und in etwa 1 cm dicke Scheiben schneiden.

3. In einem Topf das Melonenpüree, die Stachelbeeren, den Apfelsaft, 200 g Zucker, die Zitronenschale und jeweils die Hälfte der Trauben und Kiwis unter Rühren aufkochen lassen. Die Zitronenschale entfernen.

4. Die Speisestärke mit etwas Wasser glattrühren, unter die Grütze rühren und noch einmal aufkochen lassen.

5. Die restlichen Weintrauben und Kiwis, die Melonenkugeln und den Bananenlikör unter die Grütze mischen und mit dem restlichen Zucker und Zitronensaft abschmecken.

6. Die Grüne Grütze in Schüsseln umfüllen und abkühlen lassen. Mit Melisseblättchen garniert servieren.

Tips!
Falls Ihnen die Farbe nicht intensiv genug ist, helfen Sie mit ein paar Tropfen grüner Speisefarbe nach.
Die Grüne Grütze können Sie solo servieren oder auch mit flüssiger Sahne oder Vanillesauce reichen.

Köstliches mit Whiskey und Wodka: Horses Neck (rechts) und Cool Man (links).

Cool Man

Zutaten für 1 Drink:
4 cl Eismint
2 cl Wodka
2 cl Roses Lime Juice
5–6 Eiswürfel für den Shaker
4–5 Eßl. zerstoßenes Eis für das Glas
10 cl Bitter Lemon
Zum Garnieren:
2 Limettenscheiben
3 Maraschinokirschen ohne Stiel
Außerdem:
Shaker
1 Cocktailglas
Barsieb
Trinkhalm
Barlöffel

1. Eismint, Wodka und Roses Lime Juice mit den Eiswürfeln in den Shaker geben und 8–10 Sekunden kräftig schütteln.

2. Das zerstoßene Eis in das Glas füllen. Die Eismintmischung durch das Barsieb darüber abseihen. Alles mit dem Bitter Lemon auffüllen. Kurz umrühren.

3. Die Limettenscheiben einschneiden und an den Glasrand stecken. Mit den Kirschen garnieren und mit Trinkhalm servieren.

Horses Neck

Zutaten für 1 Drink:
5 cl Bourbon Whiskey
1 Spritzer (»dash«) Angostura
gekühltes Ginger Ale zum Auffüllen
4–5 Eiswürfel
Zum Garnieren:
1 langes Stück Zitronenschale, spiralig abgeschnitten
Außerdem:
1 Cocktailglas
Barlöffel

1. Den Whiskey und Angostura mit den Eiswürfeln in das Glas geben und mit Ginger Ale auffüllen. Kurz verrühren.

2. Die Zitronenspirale einschneiden und tief ins Glas stecken.

Tip!
Noch hübscher sieht der Drink aus, wenn Sie Angostura erst zum Schluß hineingeben.

Einer ganz ohne Hochprozentiges, einer mit Cognac: Red Bull Special (oben) und Cognac Gimlet (unten).

B 54

Zutaten für 1 Drink:
3 cl Kahlua (Kaffeelikör)
3 cl gekühlte Haselnußcreme (Likör)
2 cl hochprozentiger Rum (73 %)
Außerdem:
Barlöffel
1 gefrostetes Cocktailglas (Seite 18)
Trinkhalm

1. Die Zutaten nacheinander vorsichtig über einen Löffelrücken in das gefrostete Glas gießen. So bleiben drei Farbschichten übereinander.

2. Den Drink mit einem kurzen Trinkhalm servieren.

B 54 wird durch Haselnußcreme besonders fein.

Red Bull Special
(alkoholfrei)

Zutaten für 1 Drink:
4–5 Eiswürfel
12 cl Red Bull (½ Dose)
6 cl Ananassaft
6 cl Grapefruitsaft
½ cl Erdbeersirup
Zum Garnieren:
1 Orangenscheibe
1 Zweig Minze
Außerdem:
1 Cocktailglas
Barlöffel
Trinkhalm

1. Die Eiswürfel in das Glas füllen. Red Bull, Ananassaft, Grapefruitsaft und Erdbeersirup nacheinander in das Glas füllen. Alles kurz verrühren.

2. Die Orangenscheibe einschneiden und an den Glasrand stecken. Mit Minze garnieren und mit einem Trinkhalm servieren.

Variante
Starkstrom mit Sekt
1 Fläschchen Starkstrom (alkoholischer Energie-Drink mit Jamaica Rum und Guarana; 24 Vol.-% Alkohol) in einem vorgekühlten Sektglas mit gekühltem Sekt auffüllen. Mit 1 Eiswürfel und 1 Maraschinokirsche servieren.

Cognac Gimlet

Zutaten für 1 Drink:
5 cl Cognac
6 cl Roses Lime Juice
½ cl Limettensaft, frisch gepreßt
5–7 Eiswürfel
Zum Garnieren:
1 Limettenscheibe
Außerdem:
Shaker
Barsieb
1 gefrostetes Cocktailglas (Seite 18)

1. Den Cognac, den Roses Lime Juice, Limettensaft und Eiswürfel in den Shaker geben und 8–10 Sekunden kräftig schütteln.

2. Den Drink durch das Barsieb in das vorgekühlte Glas abseihen. Die Limettenscheibe einschneiden und an den Glasrand stecken. Servieren.

Variante
Gimlet wird original mit Gin statt mit Cognac gemixt.

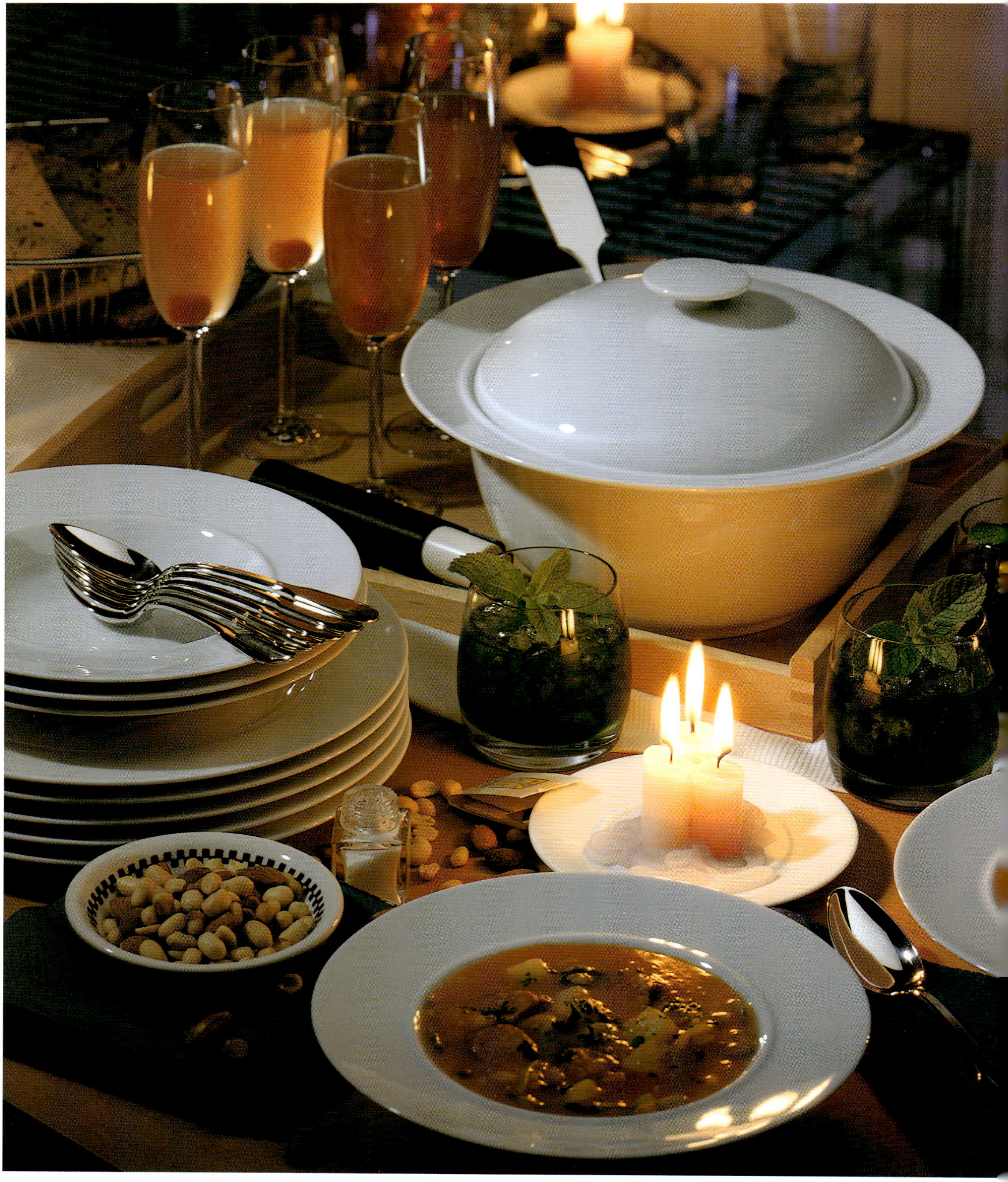

Muntermacher

Stärkung für ausdauernde Gäste
Es gibt ihn auf jeder Party, den harten Kern von ein paar Leuten, denen es so gut gefällt, daß sie gar nicht nach Hause gehen wollen. Was tun als Gastgeber?
Unübersehbar gähnen und mit vielsagendem Blick immer wieder auf die Uhr sehen – das ist nicht die feine und bestimmt nicht Ihre Art. Denn schließlich ist es ja Ihr Erfolg, daß die Gäste das Fest so ausgiebig genießen. Besser, Sie servieren zu vorgerückter Stunde eine wohltuende Mitternachtssuppe als Stärkung. Den eleganten Hinweis versteht jeder, und so ein Süppchen belebt die Sinne für den Heimweg ungemein. Zur Suppe gibt es abschließend zwei köstliche Cocktails mit den vielversprechenden Namen Gordanas Pick me up und Corpes Reviver Nr. 6. Gästen, die Sie besonders umsorgen sollten, damit sie am nächsten Morgen auch mit klarem Kopf aufwachen, mixen Sie noch eine »Apotheke«. Danach können Sie mit allerbestem Gewissen die Taxis bestellen. Falls ein paar Freunde bei Ihnen übernachten, sollten Sie sie am nächsten Morgen mit Bull shot, Bloody Mary oder Hot Coffee Mix aus den Federn locken. Dazu gibt es als Start in den Tag neben ofenwarmen Brötchen, Heringssalat und anderen kräftigenden Köstlichkeiten natürlich auch viel heißen Kaffee. Wetten, daß sich anschließend alle zusammen gut gelaunt ans Aufräumen machen!

Mitternachts-Kartoffelsuppe

Zutaten für 8–10 Personen:
1 Bund Suppengrün
3 Zwiebeln
2–3 Knoblauchzehen
1 kg vorwiegend festkochende Kartoffeln
3 Stangen Staudensellerie
3 Eßl. Olivenöl
4 eingelegte Sardellenfilets
1 große Dose Tomaten (800 g Gesamtgewicht)
2 Lorbeerblätter
3 Thymianzweige
1½ l Fleischbrühe
400 g Cabanossi
2–3 Eßl. kleine Kapern
Salz
schwarzer Pfeffer, frisch gemahlen
3 Eßl. Petersilie, grob gehackt

Aufbauend • Gelingt leicht

Zubereitungszeit: etwa 30 Minuten
(dazu 30 Minuten Garzeit)

1. Das Suppengrün putzen, waschen und in kleine Stücke schneiden. Die Zwiebeln und die Knoblauchzehen schälen und fein würfeln. Die Kartoffeln schälen, waschen und in grobe Würfel schneiden. Den Staudensellerie putzen, waschen und in dünne Scheibchen schneiden.

2. In einem Suppentopf das Öl erhitzen. Das Suppengrün, die Zwiebeln und den Knoblauch darin unter Rühren glasig dünsten. Den Sellerie hinzufügen und etwa 3 Minuten mitdünsten.

3. Inzwischen die Sardellen abspülen, trockentupfen und fein hacken. Zusammen mit den Kartoffeln, den Tomaten samt Saft, den Lorbeerblättern und dem Thymian in den Topf geben und mit der Brühe aufgießen. Alles aufkochen und zugedeckt bei mittlerer Hitze etwa 25 Minuten köcheln lassen.

4. Die Cabanossi in die Suppe geben und alles noch etwa 5 Minuten ziehen lassen, bis die Wurst heiß ist. Die Wurst herausheben, in Scheiben schneiden und mit den Kapern wieder in die Suppe geben. Die Kartoffelsuppe mit Salz, Pfeffer und etwas Kapernsud kräftig abschmecken. Kurz vor dem Servieren die Petersilie unterziehen.

Tips!
Zur Mitternachtssuppe können Sie kräftiges Bauernbrot reichen. Statt Cabanossi schmeckt die Suppe auch prima mit Debreziner-Wurst oder Wiener Würstchen.
Die Kartoffelsuppe läßt sich gut eine Woche vorher zubereiten (ohne die Cabanossi und die Petersilie) und in großen Tiefkühldosen einfrieren. Zum Fest dann auftauen und langsam unter gelegentlichem Rühren erhitzen. Die Wurst darin heiß werden lassen. Die Suppe vor dem Servieren nochmals abschmecken und zum Schluß die Petersilie unterziehen.

Gordanas Pick me up

Zutaten für 1 Drink:
2 cl Wodka
2 cl Kroatzbeere (Likör)
½ cl Zitronensaft, frisch gepreßt
gekühlter Champagner zum Auffüllen
6–8 Eiswürfel
Zum Garnieren:
1 Maraschinokirsche ohne Stiel
Außerdem:
Shaker
1 gefrostetes Cocktailglas (Seite 18)
Barsieb
Barlöffel

1. Den Wodka, die Kroatzbeere und den Zitronensaft mit den Eiswürfeln in den Shaker geben und 8–10 Sekunden kräftig schütteln.

2. Den Drink durch das Barsieb in das vorgekühlte Glas abseihen. Mit Champagner auffüllen und noch einmal vorsichtig durchrühren.

3. Den Drink mit der Maraschinokirsche garniert servieren.

Apotheke

Zutaten für 1 Drink:
2 cl Vermouth Rosso
2 cl Fernet Branca
1 cl Crème de Menthe grün
1 Spritzer (»dash«) Angostura
5–7 Eiswürfel zum Verrühren
2–3 Eßl. gestoßenes Eis für das Glas
Zum Garnieren:
Minzeblätter
Außerdem:
Rührglas
Barlöffel
Barsieb
1 Cocktailglas

1. Vermouth, Fernet Branca, Crème de Menthe und Angostura im Rührglas auf Eiswürfeln verrühren, dann durch das Barsieb in das Glas abseihen. Mit dem gestoßenen Eis verrühren, mit Minze garnieren.

Variante
Lechthalers Apotheke
5 cl Branca Menta, 1 cl Fernet Branca und 1 »dash« Angostura im Rührglas auf Eiswürfeln verrühren und in ein Cocktailglas abseihen. Sie können den Drink auch in ein Glas mit zerstoßenem Eis abseihen, mit Minze garnieren und mit kurzem Trinkhalm servieren.

Corpes Reviver Nr. 6

Zutaten für 1 Drink:
2 cl Cognac
2 cl Schwarzer Kater (Likör)
2 cl Calvados
5–7 Eiswürfel
1 Stück unbehandelte Orangenschale

Köstliche Drinks zum Ausklang eines gelungenen Festes: Gordanas Pick me up (rechts), Apotheke (Mitte) und Corpes Reviver Nr. 6 (links).

Außerdem:
Rührglas
1 gefrostetes Cocktailglas (Seite 18)
Barsieb
Barlöffel

1. Den Cognac, den Schwarzen Kater und den Calvados mit den Eiswürfeln im Rührglas verrühren. In das gefrostete Glas durch das Barsieb abseihen. Mit der Orangenschale den Drink abspritzen, diese in das Glas geben und servieren.

Tip!
Reichen Sie dazu 1 Glas Eiswasser.

Am Morgen danach

Tips fürs Frühstück

Ob für fest eingeplante oder spontane Frühstücksgäste – nach einer langen Partynacht mit all den vorhergehenden Vorbereitungen möchte man als Gastgeber am nächsten Morgen am liebsten im Handumdrehen ein Frühstück zaubern können – ohne große Vorbereitung und Planung.

Am besten, Sie legen sich dafür außer Butter, Schinken und Wurst, einen kleinen Vorrat an haltbaren Lebensmitteln an. Daraus können Sie dann handfeste Köstlichkeiten zaubern, die garantiert die Lebensgeister wecken. Kaffee und Tee sollten Sie genügend im Hause haben, ebenso Orangen- und Tomatensaft, sowie reichlich Mineralwasser. Vielleicht stellen Sie auch vorsichtshalber eine oder zwei Flaschen trockenen Sekt kalt.

Im Brotregal Ihres Lebensmittelhändlers finden Sie fertige Croissants, Baguettes und andere Spezialitäten aus Teig, die nur noch kurz im Ofen aufgebacken werden müssen. Aus Frischteig gibt's die verschiedensten Brötchen im Kühlregal, ebenfalls nur noch zum Aufbacken.

Ein paar ganz frische Eier sollten greifbar sein, ein paar Kräuter und eventuell etwas Speck. Denn Rührei mit Kräutern oder Spiegeleier mit Speck sind rasch fertig und ein stärkender Genuß. Eine kleine Käseauswahl kommt auch immer gut an. Wenn etwas davon übrig bleibt, kein Problem, denn Käse läßt sich prima einfrieren.

Leicht angekaterte Gäste freuen sich über sauer Eingelegtes aus dem Glas wie Gurken, rote Bete oder Mixed Pickles. Fischkonserven gibt es in so reichlicher Auswahl, daß für jeden Geschmack etwas dabei ist. Im übrigen sind sie ungeöffnet mehrere Monate haltbar. Sie sehen, mit so einem Vorrat sind Sie bestens gerüstet. Es besteht weder die Gefahr, daß Sie auf frischen Lebensmitteln sitzenbleiben, noch, daß Sie bei einer Frühstücks-Verlängerung zum Brunch Sorge um den Nachschub haben müssen.

Schneller Heringssalat

Zutaten für 4–6 Personen:
8–10 Matjesfilets (aus der Dose oder dem Glas)
250 g gekochte rote Bete (aus dem Glas)
1 große Gewürzgurke (etwa 100 g)
1 Zwiebel
40 g Walnußkerne
2 kleine säuerliche Äpfel
3 Eßl. leichte Mayonnaise
2 Eßl. Joghurt
1 Teel. scharfer Senf
1 Prise Zucker
weißer Pfeffer, frisch gemahlen
Salz
einige Petersilienblättchen

Gelingt leicht

Zubereitungszeit: etwa 15 Minuten

1. Die Matjesfilets abtropfen lassen, trockentupfen und schräg in 2–3 cm breite Stücke schneiden.

2. Die roten Bete etwa 1½ cm groß würfeln. Die Gewürzgurke zuerst längs halbieren, dann in dünne Scheiben schneiden. Die Zwiebel schälen und fein hacken. Die Walnußkerne, bis auf ein paar zum Verzieren, grob hacken.

3. Die Äpfel waschen, abtrocknen und vierteln, dabei Kerngehäuse und Stiele entfernen. Die Apfelviertel mit der Schale in kleine Stücke schneiden.

4. In einer Schüssel Matjes, rote Bete, Gewürzgurke, Zwiebel und Äpfel vermengen. Die Mayonnaise mit Joghurt, Senf, Zucker und Pfeffer zu einer Marinade verrühren und unter die vorbereiteten Zutaten heben.

5. Den Heringssalat mit Salz abschmecken und mit Petersilienblättchen und den restlichen Walnüssen bestreuen.

Käse-Carpaccio

Zutaten für 4–6 Personen:
200 g Hartkäse (z. B. Sbrinz, Pecorino, Manchego, Cheddar)
1 Eßl. eingelegte grüne Pfefferkörner
1–2 Eßl. Aceto balsamico (Balsamessig)
1–2 Eßl. Olivenöl, kaltgepreßt

Schnell

Zubereitungszeit: etwa 10 Minuten

1. Den Käse fein hobeln und auf einer großen Platte anrichten. Die Pfefferkörner etwas abtropfen lassen und über den Käse streuen.

2. Den Essig mit dem Öl kräftig verrühren und den Käse damit beträufeln.

Tips!

Das Käse-Carpaccio können Sie mit einer oder auch mit mehreren Käsesorten zubereiten. Wichtig dabei ist, daß der Käse wirklich dünn gehobelt wird. Das geht am besten mit einem speziellen Käsehobel oder auch auf einem Gemüsehobel.
Der Pfeffer läßt sich gut durch kleine Kapern oder auch gehackte Wal- oder Haselnüsse austauschen.

Bull Shot

Zutaten für 1 Drink:
12 cl kalte doppeltstarke Rinderbrühe (Consommé double)
5 cl Wodka
Pfeffer, frisch gemahlen
Selleriesalz oder etwas Selleriesaft, frisch gepreßt
5–7 Eiswürfel
Außerdem:
Shaker
Barsieb
1 gefrostetes Cocktailglas (Seite 18)

1. Die Brühe mit dem Wodka, Pfeffer und Selleriesalz oder -saft mit den Eiswürfeln in den Shaker geben und 8–10 Sekunden kräftig durchschütteln.

2. Durch das Barsieb in das gefrostete Glas abseihen und servieren.

Tip!
Dieser Drink schmeckt auch heiß hervorragend.

Bloody Mary

Zutaten für 1 Drink:
14 cl Tomatensaft (gute Qualität)
2 cl Zitronensaft, frisch gepreßt
5 cl Wodka
5–7 Eiswürfel
schwarzer Pfeffer, frisch gemahlen
Paprikapulver
Tabascosauce
Worcestersauce
Zum Garnieren:
1 Gurkenscheibe
1 Selleriestange
Außerdem:
Rührglas, Barlöffel, Barsieb
1 gefrostetes Cocktailglas (Seite 18)

1. Den Tomatensaft mit dem Zitronensaft und dem Wodka im Rührglas auf Eiswürfeln gründlich verrühren und mit Pfeffer, Paprikapulver, Tabasco und Worcestersauce pikant abschmecken.

2. Durch das Barsieb in das Glas abseihen. Die Gurkenscheibe an den Glasrand stecken. Den Sellerie dazu reichen.

Mit würzigen Snacks (Käse-Carpaccio, links; Heringssalat, rechts) und kräftigen Drinks (Hot Coffee Mix, vorne; Bull Shot, Mitte; Bloody Mary, hinten) kommt auch am nächsten Morgen wieder Stimmung auf.

Hot Coffee Mix

Zutaten für 1 Drink:
1 Barlöffel brauner Zucker
2 cl Walnuß-Brand
2 cl Kahlua (Kaffeelikör)
1 Tasse heißer Kaffee
Zimtpulver

1. Den Zucker, den Walnuß-Brand und den Kahlua in einem kleinen Topf erhitzen, aber nicht kochen.

2. In eine Tasse geben und mit dem heißen Kaffee auffüllen, kurz umrühren. Mit etwas Zimtpulver bestäuben und servieren.

Kleines Mix-Lexikon

Damit Sie Begriffe, die in der Barsprache immer wieder auftauchen, einordnen können, finden Sie nachfolgend eine kleine Übersicht mit den wichtigsten Stichworten.
Außerdem: Eine Liste mit den alkoholischen und nichtalkoholischen Zutaten, die Sie als Grundausrüstung im Haus haben sollten.

After Dinner Cocktail/Digestifcocktail
Diese Drinks werden nach dem Essen serviert, um die Verdauung anzuregen. Sie sind entweder süß oder bitter.

Barlöffel
In einem Barlöffel (BL) kann man die Menge von 0,5 cl abmessen.

Before Dinner Cocktail/Aperitifcocktail
Diese Drinks werden vor dem Essen zum Anregen getrunken. Sie sind immer trocken bis halbtrocken.

cl
In Zentilitern werden die Zutaten für die Drinks angegeben. 1 Zentiliter entspricht 10 ml (Milliliter) oder 10 g (Gramm).

Crushed ice
Das ist fein zerstoßenes (feinkörnig zermahlenes) Eis, das man sowohl zum Mixen als auch zum Servieren der Drinks verwendet.

Dash
Ein Dash ist gleichbedeutend mit einem Spritzer (drei bis fünf Tropfen).

Drinks for all the day
Drinks, die man den ganzen Tag über genießen kann.

Exotic Drinks
Sie werden mit Rum oder anderen südländischen Spirituosen zubereitet.

Highballs
Das sind schnelle Drinks aus wenigen (meist nur zwei) Zutaten, zum Beispiel Gin Tonic.

Hot Drink
Ist ein heiß servierter Drink.

Longdrink
Ein sogenannter »langer« Drink mit 12–24 cl (kann auch noch mehr sein). Er kann also über einen längeren Zeitraum genossen werden als der Shortdrink (siehe dort).

ml
1 Milliliter entspricht 1 g (Gramm).

On the rocks
Mit viel Eis(würfeln) serviert.

Shortdrink
Ein sogenannter »kurzer« Drink, der gewöhnlich 5–6 cl, maximal jedoch 12 cl hat. Im Gegensatz zum Longdrink bereitet er also einen etwas kürzeren Genuß.

Stright up
So nennt man einen Drink, der ohne Eis serviert wird.

Twist
So nennt man eine Zeste (also ein kleines Schalenstück, zum Beispiel von einer Zitrone).

Zuckersirup
Er wird zum Süßen mancher Drinks benötigt. Sie können ihn fertig kaufen oder selbst herstellen: 1 kg Zucker in 1 l kochendes Wasser geben. Alles unter Rühren so lange erhitzen, bis der Sirup klar ist. Den Sirup erkalten lassen und in Flaschen oder Karaffen füllen.

Das brauchen Sie als Grundausstattung in Ihrer Hausbar, um die Drinks in diesem Buch zuzubereiten:

Basisspirituosen:	Brandy/Cognac, Cachaça, Gin, Himbeergeist, Mirabellengeist, Rum (weiß/braun), Tequila (weiß/braun), Whisky (Scotch/Bourbon), Williams, Wodka
Aperitifs:	Campari, Portwein, Sherry, Vermouth (Dry, Rosso)
Liköre:	Benedictine, Creme de cacao, Curaçao Blue, Eierlikör, Peach-Brandy, Southern Comfort
Alkoholfreie:	Aperosso, Bitter Lemon, Energy Drink, Fruchtsäfte, Fruchtsirupe, Ginger Ale, Red Bull, Eistee, Mineralwasser/Soda, Sahne

Übrigens: Die Zutaten im Buch sind jeweils für 1 Drink gedacht, rechnen Sie also bei Bedarf um.

Register

Rezeptregister

A
Amaretti-Mousse mit Zwetschgensauce 73
Aperosso Sling 75
Apotheke 113
Avocado-Dip »Guacamole« 90
Avocados: Salat mit Avocados 93

B
B 54 108
Bananen-Kokos-Kuchen 63
Beeren auf Schmandcreme 29
Black Maria 85
Bloody Mary 115
Blue Champagne 52
Blue Lady 85
Bohnen mit Thunfisch 26
Bohnen: Scharfe Bohnen 60
Bowle: Rosenbowle 53
Braten: Marinierter Thymian-Braten 27
Brot: Gefülltes Currybrot mit Kräuterbutter 106
Brühe: Hühnerbrühe mit Sherry 83
Bull Shot 115

C
Caipirinha 30
Campari Shakerato 74
Carpaccio
    Carpaccio-Brote 47
    Käse-Carpaccio 114
    Lachs-Zucchini-Carpaccio 69
Chili con carne 94
Chips: Käse-Chips 90
Cocktail After Eight 75
Cocktail-Spießchen 81
Coconut Kiss 64
Cognac Gimlet 108
Cool Man 108
Corpes Reviver Nr. 6 113
Cracker mit Käsecreme 79
Crostini: Forellen-Crostini 46
Curaçao-Joghurt-Eis 62

D
Daiquiri Natural 65
Dip
    Avocado-Dip »Guacamole« 90
    Feuriger Tomatendip 90
Drinks – alkoholfrei
    Aperosso Sling 75
    Coconut Kiss 64
    Fitness Time 40
    Lechthalers Sangrita 96
    Liptonice Cooler 30
    Old Fashioned Cup 85
    Red Bull Special 108
    Sparkling Kiwi 40
    Sportsman 40

Drinks – mit Alkohol
    Apotheke 113
    B 54 108
    Black Maria 85
    Bloody Mary 115
    Blue Champagne 52
    Blue Lady 85
    Bull Shot 115
    Caipirinha 30
    Campari Shakerato 74
    Cocktail After Eight 75
    Cognac Gimlet 108
    Cool Man 108
    Corpes Reviver Nr. 6 113
    Daiquiri Natural 65
    Frozen Margarita (Variante) 96
    Golden Egg 84
    Gordanas Pick me up 113
    Grasshopper 84
    Horses Neck 108
    Hot Coffee Mix 115
    Lechthalers Apotheke (Variante) 113
    Lechthalers Pina Colada (Variante) 65
    Lechthalers Tropical (Variante) 53
    Margarita 96
    Martini Dry Cocktail 74
    Martini Extra Dry (Variante) 74
    Midnight Velvet 31
    Mojito 64
    Munich Sunset 31
    Pina Colada 65
    Planter's Punch 64
    Rosenbowle 53
    Sangria 96
    Southern Comfort Dry Manhattan 84
    Starkstrom mit Sekt (Variante) 109
    Strawberry Margarita frozen 97
    Swimming Pool 40
    Tequila Sunrise 97
    Tropical Champagne 52
    Vivaldi 53
    Yellow Bird 30
    Ziegler Tartufino (Variante) 74

E
Eier: Gefüllte Eier 80
Eis: Curaçao-Joghurt-Eis 62
Erdbeeren auf Senfsahne 101
Erdnußsauce: Fleischspießchen mit Erdnußsauce 60
Exotischer Fischsalat 58

F
Fenchelgemüse mit Salami 24
Feuriger Tomatendip 90
Fisch: Exotischer Fischsalat 58
Fitness Time 40
Fleischspießchen mit Erdnußsauce 60
Fliegenpilz-Tomaten 79
Forellen-Crostini 46

Frozen Margarita (Variante) 96
Früchte in Champagner-Gelee 51
Früchte: Sommersalat mit Früchten 25

G
Garnelen in Reispapier 105
Gebackene Käsewürfel 50
Gefüllte Eier 80
Gefülltes Currybrot mit Kräuterbutter 106
Gemüse: Safran-Gemüse 72
Glasnudelsalat mit Hackfleisch 71
Glücksrollen 37
Golden Egg 84
Gordanas Pick me up 113
Grasshopper 84
Grüne Grütze 107
Grüner Reis 95

H
Hackfleisch
    Glasnudelsalat mit Hackfleisch 71
    Linsen-Hackbällchen mit rosa Sauce 104
Hähnchenfleisch
    Reissalat mit Hühnerfleisch 82
    Hähnchenfüllung für Tortillas 92
    Jambalaya 60
Heringe: Schneller Heringssalat 114
Horses Neck 108
Hot Coffee Mix 115
Hühnerbrühe mit Sherry 83

I/J
Italienischer Kugelsalat 103
Jambalaya 60

K
Kartoffeln
    Italienischer Kugelsalat 103
    Kartoffel-Tortilla mit Salbei 37
    Matjestatar auf Kartoffelscheiben 48
    Mitternachts-Kartoffelsuppe 112
    Vichyssoise mit Lachs 24
Käse
    Cocktail-Spießchen 81
    Cracker mit Käsecreme 79
    Gebackene Käsewürfel 50
    Käse-Carpaccio 114
    Käse-Chips 90
    Ofenwarmer Ziegenkäse auf Salat 73
Kirsch-Törtchen 39
Kokos: Bananen-Kokos-Kuchen 63
Kuchen: Bananen-Kokos-Kuchen 63
Kürbis-Ingwer-Suppe 58

L
Lachs
    Lachs-Zucchini-Carpaccio 69
    Pfannkuchen-Lachs-Rolle 102
    Vichyssoise mit Lachs 24
Lechthalers Apotheke (Variante) 113

Lechthalers Pina Colada (Variante) 65
Lechthalers Sangrita 96
Lechthalers Tropical (Variante) 53
Linsen-Hackbällchen mit rosa Sauce 104
Liptonice Cooler 30

M
Mandeln: Orangen mit Mandel-Rum-Sauce 95
Margarita 96
Marinierte Möhren 35
Marinierter Thymian-Braten 27
Martini Dry Cocktail 74
Martini Extra Dry (Variante) 74
Matjestatar auf Kartoffelscheiben 48
Midnight Velvet 31
Mitternachts-Kartoffelsuppe 112
Möhren: Marinierte Möhren 35
Mojito 64
Mousse: Amaretti-Mousse mit Zwetschgensauce 73
Munich Sunset 31

N/O
Nudelsalat mit zweierlei Pilzen 38
Ofenwarmer Ziegenkäse auf Salat 73
Old Fashioned Cup 85
Orangen mit Mandel-Rum-Sauce 95

P
Papaya-Snacks 59
Party-Spießchen 50
Pfannkuchen-Lachs-Rolle 102
Pilze: Nudelsalat mit zweierlei Pilzen 38
Pina Colada 65
Pizza-Happen 49
Planter's Punch 64
Polenta-Rauten 46
Pumpernickel-Türmchen 81

R/S
Red Bull Special 108
Reis
    Grüner Reis 95
    Reissalat mit Hühnerfleisch 82
Rosenbowle 53
Safran-Gemüse 72
Salami: Fenchelgemüse mit Salami 24
Salat
    Exotischer Fischsalat 58
    Glasnudelsalat mit Hackfleisch 71
    Italienischer Kugelsalat 103
    Nudelsalat mit zweierlei Pilzen 38
    Ofenwarmer Ziegenkäse auf Salat 73
    Reissalat mit Hühnerfleisch 82
    Salat mit Avocados 93
    Schneller Heringssalat 114
    Sommersalat mit Früchten 25
Sandwich-Stange 70
Sangria 96
Sangrita: Lechthalers Sangrita 96
Schafkäse-Pie 28
Scharfe Bohnen 60
Schinkenröllchen 80
Schneller Heringssalat 114
Sommersalat mit Früchten 25
Southern Comfort Dry Manhattan 84
Sparkling Kiwi 40
Spießchen
    Cocktail-Spießchen 81
    Fleischspießchen mit Erdnußsauce 60
    Party-Spießchen 50
Sportsman 40
Starkstrom mit Sekt (Variante) 108
Strawberry Margarita frozen 97
Suppe
    Kürbis-Ingwer-Suppe 58
    Mitternachts-Kartoffelsuppe 112
    Vichyssoise mit Lachs 24
Swimming Pool 40

T
Tequila Sunrise 97
Thunfisch: Bohnen mit Thunfisch 26
Tomaten
    Cocktail-Spießchen 81
    Feuriger Tomatendip 90
    Fliegenpilz-Tomaten 79
    Italienischer Kugelsalat 103
    Party-Spießchen 50
    Salat mit Avocados 93
    Tomatenkuchen vom Blech 38
Tortillas
    Hähnchenfüllung für Tortillas 92
    Käse-Chips 90
    Weizentortillas 92
Tropical Champagne 52
Tutti-Frutti 83

V/W/Z
Vichyssoise mit Lachs 24
Vivaldi 53
Weizentortillas 92
Yellow Bird 30
Ziegenkäse: Ofenwarmer Ziegenkäse auf Salat 73
Ziegler Tartufino (Variante) 74
Zucchini: Lachs-Zucchini-Carpaccio 69
Zwetschgen: Amaretti-Mousse mit Zwetschgensauce 73

Sachregister

A/B
Alkoholfreie Getränke 17
Bar & Baraufbau 9
Barkeeper & Buffethilfe 10
Barlöffel (Barspoon) 12
Barschaufel 12
Barsieb 12
Becher: Großer Becher 14
Bitterflasche (Dashbottle) 12
Blender 12
Brandy 16
Buffet & Buffetaufbau 9

C
Cachaca 16
Campari 16
Champagner-Früchte-Rührglas 12
Champagner/Prosecco/Sekt 17
Champagnercocktail Glas 14
Champagnerzange 12
Cocktailschale 14
Cognac: Brandy/Cognac 16

D/E
Drink im vorgekühlten Glas servieren 18
Drink mit Crushed ice servieren 18
Drink mit Eiswürfeln servieren 18
Edelobstbrände 16
Einladung 8
Eiskübel/Eisbehälter 12
Eiszange 12

F/G
Fancy Glas 14
Frozen Glas 15
Fruchtdekorationen 18
Früchtedrinks mit Champagner mixen 18
Geschirr & Co 8
Getränke – die Mengen 10
Getränke: Alkoholfreie Getränke 17
Gin 16
Glas vorkühlen 18
Großer Becher 14
Grundausstattung an Getränken 116

H/I
Henkelglas 15
Ice crusher 12
Im Blender mixen 18
Im Glas mit Eiswürfeln verrühren 18
Im Mixer durchmixen 18
Im Rührglas mit Eiswürfeln rühren 18
Im Shaker mit Eiswürfeln schütteln 18

L/M
Liköre 17
Limonadenlöffel 13
Longdrinkglas 14
Martinicocktail Glas 15
Meßbecher (Barmaß) 13
Messer 13
Mixer 13
Musik & Unterhaltung 10

N/P
Nachbarn vorwarnen 9
Portwein 16
Prosecco: Champagner/Prosecco/Sekt 17

R/S
Räume & Beleuchtung 9
Rührglas/Barglas 13
Rum 16
Salz- oder Zuckerrand 19
Sekt: Champagner/Prosecco/Sekt 17
Shaker 13
Sherry 16
Siphonflasche 13
Sour Glas 15
Stirer/Quirl 13

T
Tequila 16
Tisch & Stühle 9
Trinkhalm 13
Tropical Glas 14
Tumbler 15

V/W/Z
Vermouth 17
Whisky/Whiskey 16
Wodka 16
Zitrusfruchtschalen/Zesten 19
Zitruspresse 13
Zuckerrand: Salz- oder Zuckerrand 19

Einladen & genießen

Freunde einladen – das ist wohl der schönste Anlaß, einmal wieder etwas ganz Köstliches auf den Tisch zu bringen. Einfach in fröhlicher Runde so richtig schlemmen – und genießen. Die Reihe »*Einladen & genießen*« hält vielerlei Ideen bereit, mit denen man ohne viel Aufwand eine Atmosphäre der guten Laune zaubert – damit die Einladung zum vollen Erfolg wird.

Sei es zum Familienfest, High Tea, zum Gartenfest oder zum Sektfrühstück – Buffets sind immer willkommen. Sie lassen sich wunderbar vorbereiten und ermöglichen den Gastgebern, selber unbeschwert mitzufeiern…

120 Seiten mit ca. 110 Farbfotos, laminierter Pappband.
15,– DM/99,– öS/14,– sfr.

Weitere lieferbare Titel:

Der Tisch
Dinner for Two
Fondue & Feuertopf

In Vorbereitung:

Köstliches aus dem Wok
Menüs, die sicher gelingen
Wir feiern Feste
Raclette, Heißer Stein & Waffeleisen
Advent und Weihnachten

Marlisa Szwillus
Die Liebe zum Kochen wurde ihr in die Wiege gelegt, denn ihre Eltern legen großen Wert auf gutes Essen und beste Qualität der Lebensmittel. So wuchs die Freude am Kochen und Genießen. Aus dem Hobby wurde Berufung; Studium der Oecotrophologie, dann Redaktion im Kochressort einer großen Frauenzeitschrift. Im Anschluß daran leitete sie mehrere Jahre lang das Kochressort der größten deutschen Food- und Haushaltszeitschrift. Seit 1993 ist sie als freie Food-Journalistin und Kochbuchautorin tätig.

Klaus Arras
Er studierte an der Fachhochschule in Köln Fotoingenieurwesen und fotografiert in seinem Kölner Studio seit 1985 Stillife für Werbeagenturen und Industrie. Außerdem gilt sein Engagement verstärkt der Foodfotografie. Seine Aufnahmen zeichnen sich ganz besonders durch einfühlsame Lichtstimmungen aus. Er ist für deutsche und internationale Kochbuchverlage tätig.
In seinem Studio ist Xenia Burgtorf für das Styling und Ursula Virnich für die Küche zuständig.

Fotos auf Agfachrome RSX 100

Wichtiger Hinweis
Trinken Sie keinen Alkohol, wenn Sie später noch Auto fahren müssen. Wenn Sie viel trinken, müssen Sie damit rechnen, daß Sie auch am nächsten Tag noch nicht fahrtüchtig sind, denn der Körper baut den Alkohol nur langsam ab. Für 1 Cocktail braucht die Leber etwa 2–4½ Stunden. Wenn Sie dennoch trinken, nehmen Sie sich ein Taxi.
Schenken Sie keinerlei Alkohol an Kinder und Jugendliche aus.
Denken Sie daran: Größere Mengen Alkohol sind Gift! Deshalb: Immer in Maßen genießen.

Umschlagvorder- und -rückseite sowie Seite 2: Food-Archiv, München

Die Temperaturstufen bei Gasherden variieren von Hersteller zu Hersteller. Welche Stufe Ihres Herdes der jeweils angegebenen Temperatur entspricht, entnehmen Sie bitte der Gebrauchsanweisung.

Genehmigte Lizenzausgabe für Weltbild Verlag GmbH, Augsburg
1999
Copyright © 1996 by Gräfe und Unzer Verlag GmbH, München
Alle Rechte vorbehalten. Nachdruck, auch auszugsweise, sowie Verbreitung durch Film, Funk und Fernsehen, durch fotomechanische Wiedergabe, Tonträger und Datenverarbeitungssysteme jeglicher Art nur mit schriftlicher Genehmigung des Verlages.

Redaktion: Katharina Lisson
Lektorat: Cornelia Schinharl
Barkunde und Cocktails:
Ernst Lechthaler
Typografie: Studio Greif
Herstellung: Joachim W. Schmidt
Rezeptfotos: Klaus Arras
Umschlaggestaltung: Greenstuff, München
Printed in Austria
ISBN 3-8289-1043-2

Dankeschön:
Eins-Zwei-Drei Geschenkeläden GmbH, Köln
Gunther Lambert GmbH, Mönchengladbach
Leben mit Flair, Freifrau Veronika von Bibra, Köln
Pesch GmbH & Co.KG Einrichtungshaus, Köln
WMF